clave

Ferran Ramon-Cortés (Barcelona, 1962) es licenciado en Ciencias económicas y empresariales y MBA por ESADE. Después de quince años de investigación de la comunicación personal fundó en 2008 el Institut 5 Fars, dedicado a la formación y el entrenamiento de las habilidades de comunicación personal. Es profesor en ESADE Business School, docente invitado en diversas universidades y participa activamente en varios medios de comunicación.
Es autor de *La isla de los 5 faros*, libro de referencia de la comunicación personal con el que ha llegado a más de cien mil lectores. Además, ha escrito numerosos libros relacionados con la comunicación, como *El cuaderno de bitácora*, *Conversaciones con Max*, *Virus*, *El premio*, *Escuchar con los ojos*, *La química de las relaciones*, *Cuento de invierno* y *Más amistades y menos likes*, y es coautor de los libros *Relaciones que funcionan* y *¿Hablamos?*. Es también el creador del sitio web La Isla de los 5 Faros, un espacio de formación permanente donde se pueden encontrar más de doscientos recursos (libros, artículos, cursos y narraciones) para el aprendizaje de la comunicación personal.

Para más información, puedes consultar los sitios web del autor:
www.ferranramoncortes.com
www.laisladelos5faros.com

La isla de los 5 faros

Cómo mejorar nuestra comunicación y hacerla más memorable

FERRAN RAMON-CORTÉS

Traducción de
Cristina Torrent Cortés

DEBOLS!LLO

Papel certificado por el Forest Stewardship Council®

MIXTO
Papel | Apoyando la silvicultura responsable
FSC® C117695

Penguin Random House Grupo Editorial

Título original: *L'illa dels 5 fars*
Primera edición en Debolsillo: mayo de 2024

Printed in Spain – Impreso en España

ISBN: 978-84-663-7728-7
Depósito legal: B-4.521-2024

Compuesto en M.I. Maquetación, S.L.
Impreso en Black Print CPI Ibérica
Sant Andreu de la Barca (Barcelona)

P 3 7 7 2 8 7

A las dos Sonias, a Andrea y a Max

Índice

Prólogo a la nueva edición

Han pasado diez años desde que escuché por primera vez a Ferran. Y cambió para siempre mi vida personal y profesional. Se convirtió en mi faro. Un faro en la distancia, como los cinco que protagonizan este precioso relato. Los faros guían a las personas para llegar a su destino, evitan naufragios y permanecen sólidos y erguidos frente a los temporales. Esto es lo que simboliza Ferran para el que tiene la suerte de encontrarlo en su camino.

Este libro alberga los cimientos de todas sus enseñanzas. Es la puerta de entrada a una manera completamente distinta de entender la comunicación. Nos hace mirarnos dentro, cuestionarnos, plantearnos por qué a veces fallamos por completo al comunicarnos con otras personas o descubrir dónde están las claves con las que emocionar a los que nos escuchan o, por el contrario, pasar sin dejar huella.

La razón por la que Ferran me marcó profundamente es porque la comunicación es mi vida. Hace más de veinte años que me dedico a ella en los medios o en organizaciones sociales. Mi labor es lograr que las personas se movilicen por los más vulnerables, la infancia o el medio ambiente; causas muchas veces lejanas en su vida cotidiana, que no les afectan o ni siquiera conocen. Y este trabajo siempre lo he hecho en equipos de numerosas personas.

Ferran me descubrió un camino distinto para comunicarme con los miembros de mi equipo. Las claves de este recorrido se encuentran en *La isla de los 5 faros*. Al poco tiempo de empezar a recorrerlo, cambiaron por completo nuestras relaciones. Nació un equipo sólido, honesto, solidario, empático y comprometido con los demás y con las causas por las que trabajábamos. Nuestra motivación para trabajar juntos y conseguir cambios a través de la comunicación pública crecía día a día. Logramos hacer campañas que jamás hubiéramos imaginado. Las creamos desde la complicidad, la confianza, la sinceridad. Y claro que tuvimos, y seguimos teniendo, momentos difíciles; por supuesto que cometimos errores y que incluso a veces nos perdimos en el camino. Pero ahí estaban los 5 faros. Para reconducirnos y guiarnos. Para recordarnos que solo podremos llegar a nuestro destino con una comunicación honesta, que nazca de lo más profundo, que nos saque de nosotros para colocarnos siempre dentro de los demás.

Rudyard Kipling decía que solo envidiaba a las personas que nunca habían viajado a África porque todavía tenían la oportunidad de hacerlo por primera vez. Esa es la sensación que tengo cuando presto un libro de Ferran a alguien que aún no lo conoce. Soy capaz de sentir lo mismo que cuando le escuché por primera vez. Hace ya más de diez años. Cuando salí de su primera charla con la certeza de que algo había cambiado dentro de mí para siempre y que ya no había vuelta atrás. Merece la pena iniciar el viaje por los 5 faros. Si se recorre con la mente abierta y se vuelve a él cada vez que nos desviemos, nunca nos faltará una luz que nos guíe en nuestro camino.

LAURA PÉREZ PICARZO
Directora de Comunicación y Fundraising
de Save the Children España
Abril de 2021

Prólogo

Es un privilegio para mí presentar este escrito que Ferran ha desarrollado con tanta fantasía e intuición. Conocí a Ferran hace ya más de veinte años, a pesar de haber vivido en la India dos terceras partes de mi vida.

A lo largo de todo este tiempo, nos hemos ido encontrando en el contexto de cursos de crecimiento personal, comunicación y liderazgo. Recuerdo una de sus muchas intervenciones, pues me impactó especialmente. Sucedió en un curso de acompañamiento cuyo objetivo era que cada uno descubriera cómo se comunicaba con los demás mediante la observación de cómo se comunica consigo mismo. Al final de aquel curso, de doce horas, Ferran me hizo la siguiente observación: «Me pides que dé a mi vida un giro de ciento ochenta grados, y yo, después de estas doce horas, solo he podido moverme un poco, quizá una décima parte».

Ahora puedo decir, sinceramente, que Ferran está camino de dar ese giro a su vida sin imponerse nada, sin tener expectativas acerca de sí mismo y funcionando como si su principio vital fuese: «Hago lo que me gusta y me encanta lo que hago».

Ferran tiene la capacidad de concentrarse en sus puntos fuertes y en las habilidades que ha desarrollado, en lugar de hacerlo en los puntos más vulnerables, convencido de que cuanto más orientado esté hacia sus cualidades, más fácilmente conseguirá que sus debilidades se integren de manera espontánea.

Esta forma de enfocar la comunicación consigo mismo se ve reflejada a lo largo de los capítulos de *La isla de los 5 faros*. Y esta misma orientación es la que Ferran proyecta hacia los demás, sean amigos o compañeros de trabajo.

ORIOL PUJOL BOROTAU
Maestro de Ferran Ramon-Cortés desde 1977
Bangalore, octubre de 2004

Introducción

Viaje a Menorca en pleno invierno

—... y eso es todo lo que os quería contar. ¡Muchas gracias!

Había terminado mi presentación. Me sentía como si despertara de un sueño, pero encontré el coraje suficiente para observar, por primera vez, la expresión de la gente que estaba en la sala. Había de todo, caras de aprobación y de indiferencia. La cuestión, pensaba, era que ya estaba hecho. En cierta forma, quería consolarme constatando que había llevado a cabo mi trabajo con corrección: me había preparado aquella sesión con mucho esmero y había sido capaz de explicar a los asistentes lo que me había propuesto. Todo había ido bastante bien...

Aunque solo bastante bien. La expresión de la gente estaba muy alejada del entusiasmo que me hubiera gustado transmitirles.

Bajé de la tarima y, mientras recibía algún elogio que agradecí sinceramente, mis ojos buscaron a Max por la sala. Mi viejo profesor y amigo me había prometido que iba a venir. Necesitaba saber su opinión. Él debió de intuirlo porque enseguida se acercó con una benévola sonrisa. Conocía perfectamente aquel gesto y empecé a sospechar lo peor. Le abordé sin miramientos:

—¿Qué te ha parecido?

—Lo has preparado muy bien, como siempre.

—Hay un «pero», ¿verdad?

—¿Quieres que lo hablemos ahora?

—Sí, dime, podré soportarlo...

—De acuerdo. Mira, te han seguido con interés, pero no te han comprado.

—¿Cómo?

—Si los hubieras mirado durante la intervención, te habrías dado cuenta. Has empujado a la gente, en vez de dejar que vinieran hacia ti. Los has acorralado. Intentabas convencerlos desesperadamente. Pero, a pesar de tus esfuerzos, no lo has conseguido.

Sabía que podía esperar una respuesta como esa de Max, él era despiadadamente directo con aquellos a quienes, a pesar de los años que habían pasado, continuaba llamando «sus alumnos». Yo era uno de ellos. Es más, Max me tenía una confianza especial porque nuestra relación se había ido estrechando a lo largo de todo aquel tiempo. Y me las soltaba sin tapujos; pero eso, justamente, era una de las cosas que más me gustaba de él. Necesité unos instantes para digerir su crítica.

—¿Qué es lo que hago mal? —dije, sin que me fuera fácil exteriorizar la pregunta.

—Lo tendrías que descubrir tú mismo, ya lo sabes...

Sí que lo sabía, y también sabía que a Max no le gustaba dar las cosas masticadas, que siempre te motivaba para que hicieras tú el trabajo. Con muy buen criterio, estaba convencido de que esa era la única manera de lograr el mejor resultado posible. Aun así, insistí:

—¿Alguna pista...?

—A ver... Déjame pensar...

Max permaneció un rato en silencio mientras yo lo observaba, expectante.

—Oye —dijo de repente—, ¿todavía tienes aquel refugio tan bonito en Menorca?

—¿Sa Cotxeria, la casita de Fornells? Sí, todavía la tengo. ¿Por qué?

—Podrías ir.

—¿Ahora? ¿En pleno invierno?

—¿Por qué no? Es un buen momento. Me dijiste que tenías unos días libres y que no sabías qué hacer, ¿verdad? Pues vete a Menorca y, cada noche, dedícate a observar lo que sé que tanto te gusta: los faros. Ellos pueden enseñarte mejor que yo. Obsérvalos, sin prisas, con los ojos bien abiertos.

—Suena un poco excéntrico, la verdad... Pero no me sorprende viniendo de ti. Dime, ¿vendrías conmigo?

—No, no puedo. Pero si vas, hazme saber qué vas descubriendo. Yo, desde aquí, te ayudaré a ir recorriendo el camino.

Las palabras de Max me hicieron sentir auténtica urgencia por saber qué podían enseñarme los faros. Aunque en aquel momento era incapaz de entenderla del todo, estaba seguro de que su sugerencia no era en absoluto gratuita. Los faros quizá podían darme la clave para entender cuál era el punto débil que arruinaba mi capacidad comunicativa, así que cuando llegué a casa ya tenía bastante claro a qué me dedicaría durante aquellos días libres. Solo había estado en Menorca en pleno invierno un par de veces. Y la experiencia me había provocado una fuerte impresión: con la humedad y el frío, que calan en los huesos, pero también con la serenidad, la calma y la sensación de tener toda la isla para mí solo. Me apetecía sentir la salobridad del mar en la cara, dormir tapado hasta la nariz y disponer de horas y horas para no hacer nada. No hizo falta mucho más para acabar de convencerme. Sin darle más vueltas, compré el billete de avión para el día siguiente.

Una vez en el aeropuerto, solo media hora de vuelo me separaba de la isla, de los faros y del camino que iba a enseñarme lo que más necesitaba aprender en aquel momento.

Capítulo I

39° 59' N - 4° 16' E

Faro de Favàritx

Mi padre, que vive con mi madre en Fornells todo el año, vino a buscarme al aeropuerto. Me recibió expectante, no acababa de creerse que hubiera llegado a la isla en pleno invierno con el único propósito de pasar unos días de descanso, como le había avanzado por teléfono el día anterior. En el coche, camino de Fornells, se lo expliqué un poco mejor:

—Hacía tiempo que no veía la isla en invierno. Me apetecía, y como tenía seis días de vacaciones... Solo me propongo no hacer nada, descansar y, al atardecer, recorrerla y visitar el faro de Favàritx, el del cabo de Artrutx, el de Cavalleria, el de Punta Nati y el de la isla del Aire...

Cuando terminé la enumeración de los faros, mi padre desvió un instante la vista de la carretera para mirarme. Parecía que quisiera encontrar algún indicio de que lo que le decía no era más que una broma incomprensible. Intenté convencerlo de que hablaba en serio y de que no pasaba nada extraño, que todo iba bien. Al llegar a su casa, tuve que repetirle los mismos argumentos a mi madre, pues también recelaba de aquella inesperada visita.

Eran las cinco pasadas cuando me despedía de mis padres y, después de recorrer treinta metros escasos, abría la puerta de mi casa. Se había instalado la humedad del largo invierno, resguardada por puertas y ventanas bien cerradas. Aunque era consciente de que disponía de suficientes días para hacer la ruta de los faros sin prisas, quise empezar mi búsqueda enseguida. Pero se hacía tarde, y no disponía de mucho rato antes de que comenzara a anochecer. Mientras aprovechaba el tiempo justo del que disponía antes de salir para ventilar la habitación y prepararla para pasar la noche, decidí que visitaría el faro de Favàritx, que era al que podía acceder con más facilidad desde casa. Solo tenía que coger la carretera de Maó y girar en el desvío que llevaba hacia el faro. Podía llegar relativamente deprisa. Así pues, acabadas las tareas domésticas, me fui, convencido de que si quería empezar lo antes posible mi búsqueda, aquel era el momento oportuno para visitar el faro.

El cabo de Favàritx se encuentra en el extremo este de la isla, dentro del Parque Natural de s'Albufera d'es Grau, el único parque natural de Menorca. Para los barcos que vienen del norte y van hacia el sur, este faro es una guía esencial, como también lo es para los que navegan rumbo al puerto de Maó. Cogí la carretera secundaria, que desemboca en una playa de piedras, a unos cien metros del faro. Este está situado en la cima de un cabo de poca altura, de rocas oscuras que contrastan con su blancura. Cuando aparqué el coche, la luz del día empezaba a atenuarse. No había nadie más, estaba solo. Caminé por las rocas hasta que encontré un rincón para sentarme con una excelente vista tanto del faro como del mar. Prácticamente no se oía el batir de las olas contra las rocas, el mar estaba tranquilo. El cielo se apagaba por momentos, los tonos morados viraban a un azul cada vez más oscuro. Y entonces se encendió el faro...

Aparte de ser consciente de que estaba presenciando un espectáculo magnífico, no sabía muy bien qué hacía allí. No sabía en qué tenía que concentrarme. Me limité a seguir el consejo de Max e intenté observar con los ojos bien abiertos.

2+1 cada quince segundos. Esa era la secuencia de destellos, incesante, invariable, del faro de Favàritx. Y yo lo miraba, me esforzaba, pero no acababa de encontrarle ningún sentido. Después de un buen rato, para distraerme un poco y dejar de forzar el pensamiento intentando descubrir qué podía aprender del faro, calculé que la secuencia de Favàritx se repetía todas las noches cerca de tres mil veces. Siempre igual. Exactamente igual las trescientas sesenta y cinco noches del año. Impregnado por aquella repetición incesante, me di cuenta de un hecho tan obvio como importante: Favàritx daba, incansablemente, un único mensaje. Un mensaje que repetía con exactitud y generosidad toda la noche para que cualquier navegante pudiera captarlo desde cualquier punto del mar en cualquier momento.

Aquello era ya de por sí un pequeño descubrimiento, el extremo de un hilo que intuía que podía llevarme más allá. Entonces cerré los ojos y me imaginé a bordo de un barco, en una larga travesía que había iniciado en la Península veinte horas atrás. Veinte horas en el mar y con el deseo de pisar tierra firme. Y entonces, desde la proa del barco, descubro la luz de Favàritx; primero, pequeña y débil. Más que verse, se intuye. Cuesta distinguir su mensaje. Pero se va volviendo intensa y grande a medida que el barco avanza; y el mensaje, incesante y ahora muy claro, se convierte en la guía para seguir adelante.

Abrí los ojos. Lo entendí. No era solo un único mensaje el que propagaba el faro de Favàritx: era un gran mensaje, un mensaje importante. Un único y gran mensaje completamente relevante. Me pareció que acababa de encontrar una clave, una de las respuestas a las dudas que me habían llevado a la isla.

En aquel momento recordé que había acudido a la presentación del día anterior tras recopilar mucho material, con todo muy bien preparado, con ganas de contar muchas cosas, pero sin tener claro, ahora me daba cuenta, qué mensaje quería dar. Como no lo tenía claro, había terminado hablando de todo; y sin un hilo conductor, difícilmente podía emitir un mensaje contundente.

Pensé también en la cantidad de veces que yo mismo había asistido como oyente a una presentación, un seminario o una sesión de formación con el anhelo de sacar alguna cosa valiosa, una nueva manera de ver las cosas. Una gran idea.

Favàritx me estaba revelando que toda comunicación en público, sea de la naturaleza que sea, tiene que apoyarse en una gran idea, una única y gran idea, y que debe recorrerla como si de una columna vertebral se tratara: de un extremo al otro. Todos los argumentos tienen que girar a su alrededor, mantener su esencia. Y los que escuchan han de poder captarla, apreciarla y llevársela a sus casas, a sus vidas, como un único y gran regalo. Solo así podemos brillar como brillan los faros en la oscuridad de la noche.

Me sentía satisfecho del lugar al que me habían llevado los destellos de Favàritx, pero no me bastaba. Todavía me dediqué a observar el faro un rato más. Era sorprendente: a pesar de la aparente monotonía, la escena no conseguía aburrirme. ¿Cómo era posible que Favàritx me repitiera todo el rato el mismo mensaje y, aun así, fuera capaz de mantenerme tan atento? ¿Cuál era el secreto? En el conjunto que formaban el faro y su entorno había miles de matices por captar. La escena podía percibirse de muchas maneras; los detalles, por minúsculos que fueran, la remodelaban constantemente: el cielo se iba oscureciendo, el azul del mar cambiaba de tonalidad, el sonido de las olas y el viento variaban levemente de intensidad... Y mi percepción detectaba estos cambios, mis ojos se fijaban en los detalles, que me producían una impresión diferente en función de lo que me pasara por la cabeza a cada momento. Y cada secuencia de destellos era igual y a la vez diferente a las anteriores.

Favàritx me seguía repitiendo lo mismo, pero las palabras y los matices cambiaban. Y yo no me cansaba de escucharlo. Pensé en el tiempo en que Max era nuestro profesor y en cómo, año tras año, nos repetía las mismas enseñanzas. Habíamos escuchado sus historias muchas veces. Algunas, incluso, se las hacíamos contar nosotros solo por el placer de volverlas a escuchar y, a la vez, para escucharlas como si fuera la primera vez. Porque, aunque eran las mismas historias, siempre nos sonaban diferentes, en parte por los matices que él introducía, pero sobre todo por cómo las recibíamos nosotros. Nuestro estado de ánimo, el momento personal en el que nos encontráramos... teñían sus palabras y hacían que nos provocaran un impacto distinto.

Favàritx me había dado mucho más de lo que podía imaginarme. Había entendido que de la misma forma que los faros no pierden su magia, los grandes mensajes nunca pierden su valor.

Con el frío calándome los huesos, pero con una gran satisfacción, decidí que quizá era el momento de volver a casa. Entré en el coche. Todavía resonaban en mi cabeza todas las ideas que había ido descubriendo mientras observaba el faro; estaba contento con el hallazgo y me apresuré a enviarle un mensaje a Max:

> Favàritx da un único y gran mensaje. Un mensaje valioso, tan relevante como para romper la magia de la noche.

Todo era oscuridad. No había luna. Después de cenar y charlar en casa de mis padres, me fui a la mía y me reencontré con la humedad del hogar deshabitado. Como siempre, no había podido esperar ni tomarme las cosas con calma, y ya el primer día había empezado con impaciencia mi búsqueda. Me fui a la cama cautivado por el recuerdo de aquella noche delante del faro, un recuerdo que seguro me costaría olvidar. Saboreaba la luz mágica que Favàritx me había regalado con su secuencia: 2+1 cada quince segundos...

Capítulo II

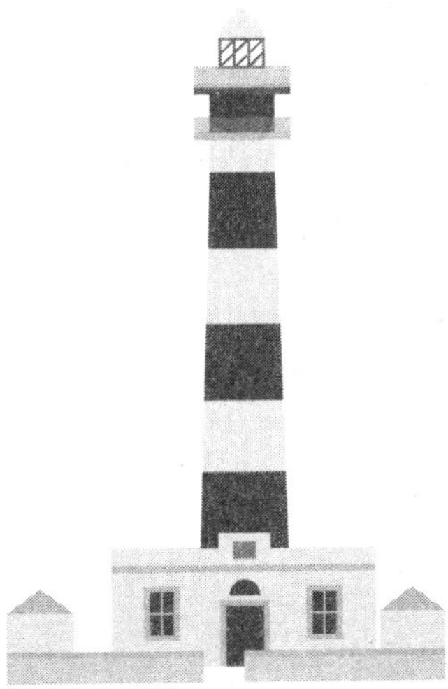

39° 55' N - 3° 49' E

Faro del cabo de Artrutx

Al día siguiente me levanté tarde. Hacía mal día y poca cosa tenía que hacer hasta la noche, cuando iría a observar el segundo faro. Dado que los armarios y la nevera de casa estaban vacíos, fui a desayunar a S'Algaret, en la plaza del puerto, como suelo hacer en verano. Pero a diferencia de lo que sucede en temporada alta, aquel día, posiblemente, yo sería el único cliente. Antes de salir, conecté el móvil y, como esperaba, había recibido respuesta de Max. No era una llamada, era un mensaje:

> Ya tienes la primera clave. Toda comunicación necesita un gran mensaje. O como dice la sabia inscripción de un viejo monasterio: «Habla solo si lo que tienes que decir es mejor que el silencio».

Ya eran las doce pasadas cuando terminé de desayunar. Con todo el día por delante, decidí acercarme al muelle a esperar a Aleix, mi vecino. Es pescador y cada madrugada sale con la barca. Hace muchos años, en verano, salí alguna vez con él. Fue una experiencia dura, pero absolutamente única porque me ofreció el privilegio de ver nacer el día en el mar y compartir los secretos de pesca de un verdadero hombre de mar. Aunque en los últimos años no hemos vuelto a embarcar juntos, hemos compartido muy buenos momentos y siempre he podido contar con él cuando lo he necesitado.

Aleix llegó hacia la una. Se sorprendió de que estuviera en la isla en pleno invierno. Después de ayudarle a descargar la pesca, charlamos un rato y, como él tampoco tenía ningún compromiso al mediodía, me invitó a comer. Recordamos viejos tiempos y renovamos el propósito de vernos más a menudo en verano, aunque tanto él como yo estuviéramos atareados y nos costara encontrar el momento.

A media tarde ya estaba a punto para continuar la observación de los faros. Esa vez escogí el del cabo de Artrutx. Era el que quedaba más lejos de casa, pero tiempo, precisamente, no me faltaba. Si iba a Artrutx, además, tenía la excusa ideal para ir a cenar al puerto de Ciutadella, al Café Balear, un restaurante de tapas marineras del que conservo muy buenos recuerdos.

De los cinco faros que tenía previsto visitar, el de Artrutx es el más urbano, porque se encuentra en una urbanización bastante cerca de Ciutadella. Es el único con «civilización» a su alrededor. Eso claramente le quita encanto, pero para contrarrestar, tiene a su favor que se trata de una torre muy alta, majestuosa, de treinta y cinco metros, pintada con unas gruesas franjas horizontales que alternan los colores blanco y negro. Además, como el faro está situado en el extremo oeste de la isla, ofrece una puesta de sol espléndida y vistas de la vecina isla de Mallorca si el día está medianamente claro.

Llegué en coche hasta la finca donde se encuentra el faro y desde allí solo tuve que caminar un poco hasta el borde del acantilado, que tiene poca altura si se compara con los que hay en la costa norte. Aunque pensaba que había salido con suficiente antelación, llegué cuando el sol casi rozaba el horizonte. Suerte que aún estaba a tiempo de ver aquel magnífico espectáculo. En pocos minutos, el astro se puso y el faro se encendió.

Me senté en las rocas. Me sentía como el día anterior, expectante, ignorando qué descubriría si es que acababa descubriendo algo. Procuré tomármelo con calma, estar sereno, con los ojos bien abiertos una vez más.

Tres destellos cada diez segundos. Ese era el código del faro del cabo de Artrutx. Pero eso no me aportaba nada nuevo. Nada que no hubiera descubierto el día anterior. Tenía que haber alguna otra cosa, algo que fuera único de aquel faro; si no, ¿qué sentido tenía que Max me hubiera sugerido que visitara «los faros», en plural? Seguro que cada faro podía mostrarme algo diferente.

Observé el de Artrutx durante un largo espacio de tiempo, pero no me venía nada a la mente. Cogí frío y decidí pasear un rato para volver, después, al punto de observación. Miraba a mi alrededor, inquieto. De repente, una cosa me llamó la atención: algunas casas próximas al faro recibían su luz directamente. Las que estaban en primera línea se salvaban, porque el haz de luz les pasaba por encima. Pero a un centenar de metros, la luz impactaba de lleno en un bloque de apartamentos. Me acerqué y vi cómo la luz del faro pintaba toda la fachada en un movimiento que iba de derecha a izquierda, iluminando todos los balcones. Imaginé la sensación que debía de producir vivir en una casa que recibe la luz intermitente del faro durante toda la noche. Debía de ser incómodo, pero los inquilinos debían de haberse acostumbrado, porque aquello les pasaba todos los días. Todos los días del mundo, pensé, sin excepción. Y la prueba de ello era que muchas ventanas no tenían cerrados los postigos.

En ese instante se encendió la luz de una de aquellas ventanas, y pensé: ¡Artrutx tiene competencia!

Como el faro de Artrutx se encuentra en una urbanización, no está solo. Si se mira la costa desde el mar, necesariamente tiene que verse que lo rodean muchas otras luces. Pero para hacer su función, para que los barcos lo identifiquen, la luz del faro ha de poder reconocerse entre todas las demás. Tiene que brillar más y tiene que ser diferente. Tiene que destacar por fuerza. Volví hacia el faro enseguida y caminé un buen rato bordeando el mar hasta que tuve una perspectiva suficientemente lejana del faro en medio de la urbanización. Entonces pude ver, y disfrutar, de la manera en que la luz del faro sobresalía por encima del resto de los puntos iluminados y destacaba, con majestuosidad, entre todas las otras cosas, acaparando por completo mi atención.

Aquella podía ser mi segunda clave: la luz de Artrutx y su mensaje brillaban por encima de todas las otras luces. Pero ¿cómo lo hacía? En primer lugar, ocupando una posición estratégica, siempre en un punto privilegiado de la costa. En segundo lugar, emitiendo una luz de una intensidad mucho más potente que las otras. Y en tercer lugar, teniendo una luz diferente que, por lo tanto, se destacaba.

Si buscaba la relación con la comunicación, aquello

significaba que nosotros tenemos que conseguir contar las cosas de forma que brillen más, que destaquen y que sobresalgan por encima del resto de los mensajes que recibimos constantemente.

Me había quedado clara la necesidad de impactar, de destacar. Había descubierto cómo lo hacían los faros para conseguirlo, pero me preguntaba cómo podíamos hacerlo nosotros. Y llegado a ese punto, la inspiración de Artrutx, añadida a mi condición de publicitario, me sugirió el camino: aprovechar en nuestra comunicación el poder sugestivo y la magia de las historias.

La publicidad empezó contando las cosas literalmente. Pero muy pronto los profesionales se dieron cuenta de que tenían que utilizar otros recursos si querían que la gente se fijara en los mensajes y los recordara. Estos recursos fueron las historias. En la profesión se ha pasado, pues, de dar información a contar sofisticadas historias y a construir metáforas elaboradísimas para conseguir contar más cosas en menos tiempo y con más impacto, a fin de competir con muchos otros mensajes. Y da resultado. Si se ha seguido este camino en la comunicación publicitaria, ¿por qué no va a darnos resultado también a nosotros? ¿Por qué no conseguir que nuestro mensaje sea memorable a través de las historias?

Contar una cosa o convertirla en una historia produce un efecto muy diferente. Las historias quedan grabadas en la mente, algo que difícilmente consigue la información, a no ser que se trate de una información especialmente relevante. Además, los relatos tienen muchos planos diferentes de interpretación. Pueden significar cosas diversas o adoptar matices variados según la persona. Y eso multiplica su potencial de impacto y recuerdo. Todo el mundo establecerá una conexión personal con la historia más allá de lo que nosotros inicialmente hayamos querido contar.

Y eso no solo es aplicable a la publicidad, también lo es al cine, al teatro, a la literatura... Todas estas disciplinas han creado historias para dar un mensaje.

Adiós a la literalidad, ¡bienvenidas las historias! Esto es lo que podemos hacer para brillar más que las otras luces de la costa, para ser diferentes y destacar, tal como saben hacer magistralmente los faros.

Inmerso en estas reflexiones y casi sin darme cuenta, me encontré de nuevo en la roca que había escogido como punto de partida para la observación. Aunque ya era noche cerrada, paseé un rato cerca del faro, saboreando lo que estaba aprendiendo. Di toda la vuelta a la finca, recorriendo el muro de piedra seca que la delimitaba. Observé la potencia y la magia de la luz de Artrutx desde ángulos diferentes. Su luz siempre contrastaba claramente del resto de las luces. Y recordé una anécdota que me ayudó a interiorizar esa segunda clave.

Sucedió hace un par de años, en un seminario sobre presentaciones. Un compañero quería sensibilizarnos sobre la injusta situación de un pueblo marginado. Para ello, presentó un conjunto interminable de datos que hacían referencia a aquel pueblo. Su exposición nos desconcertó. Aparte de que no entendimos muy bien el sentido de aquel alud de información, nos aburrimos terriblemente. Cuando llegó el turno de preguntas, le inquirí:

—¿Por qué nos has contado todo esto?

—Porque este verano —me respondió— hemos acogido en casa a una niña de trece años, Haiat, una refugiada de este pueblo. Cada mañana, cuando se levantaba, podía ver la tristeza de su sonrisa, el vacío de su mirada. Cuando se despidió de nosotros para volver a aquel infierno, sentí una pena y una impotencia enormes.

—¿Por qué no nos cuentas la historia de Haiat?

Lo hizo. Estuvo quince minutos hablándonos de la vida de la niña. Sus palabras nos llegaron al corazón, nos pusimos en su piel y sentimos en nuestro interior la terrible injusticia de su situación.

Después de un intento fallido, con el que no había conseguido más que encender pequeñas luces con sus explicaciones, nuestro compañero lograba «encender un faro» con la historia de Haiat. Y su luz destacó con toda claridad por encima del resto.

También recordé, desde la perspectiva terrestre que me ofrecía el faro, mi último viaje de vuelta a Barcelona en barco. Era de noche, y aunque aquello no era muy habitual, el barco había empezado la ruta por la costa sur. Artrutx era, pues, el faro de referencia para emprender el camino hacia la Península. Como viajaba solo, estuve bastante rato en cubierta antes de bajar a dormir al camarote. Recordaba perfectamente que pasamos a la altura del faro y que lo observé. De la misma manera en que lo estaba viendo entonces, rodeado de luces, aquel día tuve una visión del faro nítida y clara, con algunos pocos resplandores a su alrededor.

Me acerqué al coche para coger la carta náutica y consulté el alcance de Artrutx: treinta y dos millas. Era la confirmación de que Artrutx era capaz de hacer brillar su mensaje a una gran distancia, treinta y dos millas, frente a las cinco o seis de cualquier otra luz.

Todo eso me hizo reflexionar sobre cuántas veces hemos sido capaces de «encender un faro» y cuántas otras —la mayoría, me temo— nos hemos limitado a encender pequeñas luces que, a buen seguro, se han acabado perdiendo en medio del resto que pueblan la noche. Y así como desde el mar la distancia hace que se pierdan las luces de alrededor y que únicamente quede, sola, la del faro, en comunicación, el tiempo hace olvidar las pequeñas luces que conseguimos encender. A medida que pasa el tiempo, solo logramos que se recuerden los «grandes faros».

Ya era suficiente por aquella noche. Llevándome el tesoro de una segunda clave, cogí el coche y emprendí el camino hacia Ciutadella. Durante un rato aún pude ver por el retrovisor cómo la luz de Artrutx barría la carretera de un extremo a otro con sus destellos. Era imposible no fijarse. Recordé que, últimamente, incluso yo había utilizado el recurso de contar historias de manera inconsciente. Lo había hecho cuando, en mi entorno más inmediato, había regalado cuentos a mis amigos. Eran cuentos, normalmente escritos por otros, pero también alguno mío, que les había relatado cuando quería decirles algo importante. Pensaba que los cuentos ya eran de por sí un regalo, pero que también significarían para ellos muchas más cosas de las que yo les hubiera podido decir. Tal como acababa de entender observando a Artrutx, lo que yo procuraba hacer con aquellos cuentos era «encender un faro».

En poco más de cinco minutos ya estaba en el Café Balear. Una vez sentado a la mesa, y tras las primeras gambas, escribí un mensaje a Max:

> Querido Max, sé que me maldecirías si supieras qué estoy cenando, pero te recuerdo que fuiste tú quien renunció a acompañarme. Aquí tienes lo que he descubierto hoy: los faros dan un mensaje que brilla por encima de los otros. Tienen la fuerza y la magia de su luz para hacerlo. Nosotros tenemos las historias.

Esa vez la respuesta no tardó. Aún no me había terminado el café cuando recibí su mensaje:

> En palabras de Anthony de Mello: «La distancia más corta entre el hombre y la verdad es un cuento». Y si todavía dudas del poder de las metáforas, ojea la Biblia. Hace más de dos mil años que alguien lo tuvo muy claro...

Capítulo III

40° 03' N - 3° 49' E

Faro de Punta Nati

Cuando me levanté el tercer día de invierno en Menorca hacía un tiempo espléndido. Siguiendo el ritual diario, salí a desayunar, esa vez a La Palma. Me acompañaba mi padre, que me invitó a un bocadillo de sobrasada caliente, especialidad de la casa.

Tenía que hacer planes y decidir cuál sería el tercer faro que visitaría. Pensé que quizá era el momento de ir al de Punta Nati. Como visitar ese faro por tierra no tiene demasiado atractivo —se encuentra en una explanada un poco inhóspita de la costa oeste— y al ver el buen tiempo que hacía, se me ocurrió llegar a él por mar. Contemplarlo desde otro punto de vista quizá me ayudara: tras dos días de intensa observación desde tierra, me daba la impresión de que lo que podía aportarme aquella perspectiva empezaba a agotarse. Sin embargo, si quería ir por mar, necesitaba una barca. Se lo dije a mi padre, y con una simple llamada la consiguió. Ventajas de vivir en la isla. Su amigo Damià, propietario de una náutica en Ciutadella, estuvo encantado de dejarme una de las embarcaciones que alquilaba en verano.

Pasé el resto de la mañana haciendo pequeñas reparaciones en casa, más para pasar el rato que por necesidad. Y a primera hora de la tarde, me fui a Ciutadella siguiendo la misma ruta que el día anterior. Cuando llegué al puerto todavía tenía un par de largas horas por delante. Damià me acompañó a la barca y me enseñó su funcionamiento. Era una lancha a motor, de unos seis metros de eslora, más que suficiente para la excursión que tenía previsto hacer. Después de poner en marcha el motor y soltar las amarras, dirigí la proa hacia la bocana del puerto. Una vez allí, viré hacia el noroeste y continué navegando hasta que me encontré justo delante de Punta Nati. Me pareció que lo mejor era alejarme de la costa un par de millas para disponer de una buena perspectiva.

El mar estaba en calma y no había corriente. Intentaba matar el tiempo navegando en redondo para no perder de vista la costa y, mientras, me fijaba obstinadamente en todos los matices que me ofrecía la observación del faro desde el mar. La torre se alzaba en un acantilado de unos treinta metros, pero comparada con la de otros faros, la de Punta Nati era bastante baja, aunque contaba con una gran edificación a su alrededor. Detrás de mí, el sol se sumergía en la línea del horizonte. El cielo era de un rojo y un naranja encendidos. Una puesta de sol fantástica, una vez más.

El tiempo iba pasando. El faro todavía estaba apagado. Efectivamente, la perspectiva desde el mar me ofrecía un punto de vista totalmente diferente al de los días anteriores. Sin embargo, no acababa de encontrar ninguna pista que me aportara algo nuevo. Mientras la luz del día perdía intensidad, yo iba perdiendo la esperanza de descubrir algo. No era capaz de pensar en nada distinto. Pero renació mi ilusión, y de repente estuve seguro de que Punta Nati acabaría revelándome su secreto. Decidí que me dejaría llevar por el faro y que viviría la experiencia de sentirme guiado por su luz. Así pues, me alejé aún más, hasta unas cinco millas, y, en cuanto el faro se encendió, inicié el regreso de forma lenta pero decidida.

Como navegante ocasional, estaba familiarizado con el modo de identificar los faros. Antes de salir del puerto, había buscado en la carta náutica el código del de Punta Nati y los de las balizas rojas y verdes que me señalarían la entrada al puerto cuando llegara la hora de volver a tierra firme. Sabía que Punta Nati parpadeaba 3+1 veces cada veinte segundos, así que cuando el faro empezó a enviar su señal, no me costó nada reconocerlo. Con un par de tandas de destellos tuve suficiente para confirmar, sin posibilidad de error, que se trataba de su código.

Cerca de mí, un par de barcos navegaban en dirección a la costa: un yate de motor, de gran eslora y con una bandera que no supe identificar, y un velero pequeño, de treinta pies a lo sumo, de bandera francesa. Ellos también debían de haber reconocido a Nati sin problemas, porque ambos rectificaron el rumbo una vez pasada la vertical del faro.

Y fue precisamente aquella interpretación automática e intuitiva que cualquier navegante hubiera hecho lo que me hizo reflexionar sobre una idea que no por el hecho de ser obvia dejaba de ser muy importante: el lenguaje de los faros.

Su lenguaje es muy particular. Es extraordinariamente fácil y tiene mucho sentido para los navegantes, pero, al mismo tiempo, resulta ininteligible y no significa absolutamente nada para el resto de la gente. Es un lenguaje absolutamente eficaz, pero solo para hablar con «gente de mar».

Aquel era mi pequeño descubrimiento de la noche: el faro de Punta Nati habla un lenguaje que comparten todos sus interlocutores y que conecta fácilmente con ellos. Un lenguaje compartido y que conecta...

Gracias a este peculiar lenguaje, los navegantes captan los faros y los entienden con mucha facilidad. Si encadenaba aquella idea con mi mundo, tenía que preguntarme, inevitablemente, hasta qué punto yo facilitaba que la gente me entendiera. Pensé un buen rato en el lenguaje que utilizaba normalmente en mi comunicación. Y experimentando en mi propia piel la eficiencia del lenguaje de los faros con su entorno, me di cuenta de un hecho importante: la mayoría de las veces yo hablaba en mi lenguaje y no en el de los que me escuchaban.

El lenguaje que utilizamos dice mucho de nosotros. Podemos resultar soberbios, incluso pedantes, si empleamos un lenguaje sofisticado, inalcanzable para los demás, un lenguaje que se empeña en marcar una distancia. Pero también podemos escoger ser cercanos y cálidos si utilizamos un lenguaje que se pueda compartir con los oyentes, si buscamos anécdotas que nos aproximen a ellos, ejemplos que puedan conocer.

Escoger el lenguaje según nuestros interlocutores ya da de por sí un mensaje: que hemos pensado en ellos.

Aquella podía ser la tercera clave. De la misma forma que los faros consiguen comunicarse con los navegantes con un lenguaje fácil, rápido y lleno de complicidad, nosotros, en nuestra comunicación, podemos ganarnos la complicidad de la gente escogiendo un lenguaje que conecte con ellos. Si no lo hacemos así, nuestra comunicación se perderá igual que la luz del faro se pierde tierra adentro.

Absorto en esos pensamientos, continuaba navegando por la costa siguiendo la luz del faro de Punta Nati. Quería aproximarme a media milla del cabo y desde allí poner rumbo al sur para encarar la bocana del puerto de Ciutadella. Ya estaba casi oscuro del todo. El ambiente se había ido cargando de humedad y, en unos instantes, una espesa niebla invadió el entorno. La visibilidad se redujo considerablemente. Era muy consciente de que la niebla es el gran enemigo meteorológico de la navegación. Es mucho más peligrosa que la lluvia, que una tormenta o que el viento. La niebla te deja sin referencias, navegando a ciegas, con un riesgo enorme de colisión. También sabía, por experiencia, que la niebla puede camuflar completamente un faro o permitir solo una visión parcial de este, lo cual puede provocar una peligrosa confusión. Justamente eso es lo que me estaba sucediendo en aquel momento. Me encontraba delante de Punta Nati y sabía que el faro estaba allí, pero no lo veía con claridad. Incluso lo habría confundido si hubiera llegado de mar abierto.

La visión de la niebla entorpeciendo el mensaje del faro me hizo pensar en nuestra «niebla» particular. Fabricamos niebla si erramos en nuestro lenguaje y, en consecuencia, el mensaje no llega con claridad. Fabricamos niebla si utilizamos un lenguaje sofisticado, unas construcciones complicadas o si llenamos las ideas con demasiadas palabras. Fabricamos niebla si somos ambiguos, poco concretos o imprecisos. Fabricamos niebla si escogemos un lenguaje inadecuado para la gente que nos escucha. O si utilizamos, en un contexto poco adecuado, la ironía.

O si escogemos mal los ejemplos. También fabricamos niebla si nuestras palabras resultan inoportunas.

Daba vueltas a esa idea cuando recordé los momentos de niebla espesa en los que nos encontramos mi familia y yo en una época de nuestras vidas en que tuvimos que afrontar la enfermedad de un pariente. El médico que nos daba los partes sobre su evolución utilizaba un lenguaje técnico, ambiguo, que nos resultaba muy difícil de interpretar. Era su lenguaje, el lenguaje que a él le resultaba cómodo para mantenerse en una zona segura, emocionalmente distante de nosotros. Sus palabras no lo comprometían. Y, sin darse cuenta, estaba hiriendo nuestros sentimientos. Para nosotros, el proceso de la enfermedad era en aquel momento lo más importante del mundo y no nos confortaban en absoluto ni su frialdad ni su ambigüedad. Notábamos que el médico no se ponía en nuestra piel.

En cambio, recordé, había tenido la suerte de mantener un buen número de conversaciones con un médico a quien conocí hace algunos años, y que acabó convirtiéndose en un gran amigo. Contrariamente al caso anterior, a él siempre le había oído hablar con un lenguaje que llegaba a la gente, que transmitía afecto y comprensión, siempre atento a los sentimientos de los demás. Modulaba su discurso según las reacciones del otro y daba la información que debía dar en todo momento, pero con las palabras muy bien escogidas, de manera que los demás sentían que pensaba realmente en ellos.

La última lección del faro de Punta Nati no se me escapaba: así como la niebla impide a los navegantes captar el mensaje de los faros, la niebla que nosotros ponemos en el lenguaje nos hace difícil llegar a los demás.

Tras una larga hora de navegación para una distancia que en condiciones normales no hubiera implicado más de quince minutos, y guiado por las balizas del puerto, que comparten lenguaje con los faros, llegué al punto de amarre. La humedad del ambiente me había hecho coger frío. Acostumbrado a realizar esas actividades en verano, no lograba hacerme a la idea de que estábamos en pleno invierno y el frío todavía me pillaba por sorpresa.

Satisfecho por la experiencia y contento con la decisión de observar el faro desde el mar, volví a Fornells. Mi madre me había dejado la cena hecha. Ya en casa, envié el mensaje a Max, con la alegría de haber descifrado otro enigma:

> Max, como necesitaba entender el faro para poder llegar a puerto, he reflexionado sobre su lenguaje. Los faros escogen un lenguaje sencillo y eficaz para entenderse por la noche con los navegantes. Nosotros debemos escoger el lenguaje pensando en quien nos está escuchando.

Aquella noche me fui a dormir sin esperar la respuesta.

Capítulo IV

40° 05' N - 4° 05' E

Faro de Cavalleria

El cuarto día de invierno en Fornells ya empezaba a notarme descansado y relajado, aunque continuaba obstinado en mi tarea de observar los faros. Notaba que tenía las pilas recargadas.

Después de levantarme, me tomé un café con leche en casa. No quería perder demasiado tiempo; aquel día tenía un trabajo especial. Había quedado con Aleix, tenía la barca en el dique seco para hacerle el mantenimiento de cada año y yo me había ofrecido para echarle una mano con la pintura, la única cosa que me veía capaz de llevar a cabo.

Antes de salir, miré si había recibido el mensaje que me debía Max. Y sí, allí lo tenía:

> Escoger sabiamente el lenguaje es la tercera clave. No es tu propio lenguaje el que manda, sino aquel que te per-

mita acercarte más a la gente. Utiliza el lenguaje para conectar con los demás y para hacerles sentir que tu mensaje es solo para ellos. Continúa tu búsqueda, espero noticias.

Cuando encontré a Aleix, ya estaba en la barca revisando el motor. Pasamos todo el día trabajando y charlando. Y, finalmente, decidí explicarle qué hacía yo en Menorca en pleno invierno. Le dije: «Estoy aprendiendo de los faros». Él me miró entre divertido y extrañado, posiblemente pensando que los de la Península estábamos un poco chiflados, pero me dejó hablar...

Después de toda la jornada de trabajo, tenía que hacer la penúltima visita, que sin duda era mi preferida: el faro de Cavalleria. Había estado allí muchísimas veces. Cada verano, sin falta, me acerco a visitarlo, y ya hace más de treinta veranos que voy a Fornells. Para mí, es EL faro. Está plantado en un acantilado de ochenta metros de altura, en un cabo estrecho con el mar a ambos lados, y es el faro de referencia de la costa norte de la isla.

El camino que hay que recorrer para llegar allí es de por sí todo un espectáculo. Arranca de un desvío de la carretera d'es Mercadal, es estrecho, con muros de piedra seca, y atraviesa varias fincas antes de llegar al cruce de Cavalleria. Entonces el camino circula entre dos prados enormes y desemboca en el puerto de Sa Nitja, un minúsculo puerto-refugio que los pescadores utilizan los días que hay tormenta y no pueden volver a Fornells. Desde Sa Nitja, empieza a subir el acantilado con el mar a lado y lado. Delante, al final del camino, se vislumbra el faro. Es imponente.

Una vez allí, se puede hacer una pequeña excursión a pie por los acantilados que lo rodean. A la derecha se ve la bahía de Tirant y la bocana del puerto de Fornells, con la torre de defensa que lo identifica. A la izquierda quedan la playa de Binimel·là y cala Pregonda. Y delante, ochenta metros de acantilado y la isla de los Porros. Los barcos que navegan por el paso entre Cavalleria y la isla se ven tan pequeños en medio de la inmensidad del azul que parecen pulgas de mar.

Cuando llegué a Cavalleria, el faro todavía estaba apagado. Empecé a pensar qué podía quedarme por aprender. Sentía cierto desánimo porque creía que ya había encontrado las claves principales: qué, cómo y con qué lenguaje. Pero Max me dijo que continuara la búsqueda, por lo tanto, aún debía de haber más por descubrir.

Entonces se encendió. Y como en Cavalleria el faro se puede observar desde muy cerca, pude apreciar claramente el enorme juego de lentes ópticas que giran alrededor del foco de luz. Al principio, la luz que emite el faro es tenue. Tarda unos minutos en brillar con toda la intensidad. En ese intervalo de tiempo se puede ver claramente su funcionamiento. Estaba observando la rotación de la cabeza del faro y cómo iba ganando intensidad cuando me vino a la memoria la vez que tuve la oportunidad de visitarlo por dentro y ser testigo de cómo se ponía en marcha. De aquello hacía un montón de años.

Por aquel entonces el faro era manual y cada noche lo encendía el farero. Un día, gracias a una gestión de Aleix, nos invitaron a presenciar el ritual. Recordaba perfectamente la secuencia: primero se encendía la antorcha central, una antorcha de petróleo en aquella época, y cuando esta tomaba suficiente intensidad, el enorme mecanismo óptico empezaba a girar. Lo que más me sorprendió en aquel momento: el hecho de que la luz del faro fuera continua y no intermitente, como siempre había imaginado. Aquel día entendí que la posición de la lente giratoria es lo que hace que en la distancia se perciban los destellos, y que es muy diferente lo que pasa dentro del faro de lo que se percibe en medio del mar...

El recuerdo me proporcionó la pista que necesitaba en mi búsqueda en Cavalleria. Las cosas son muy diferentes dentro y fuera del faro. En el interior hay una luz estática y un juego de lentes que gira, y no se puede ver cómo es realmente el mensaje que emite. Quien puede verlo, descifrarlo e interpretarlo no es el faro, sino el navegante que lo recibe. Por lo tanto, no es tan importante cómo sale la luz del faro, sino cómo la reciben los que la ven desde fuera, desde el mar. Cavalleria me estaba revelando que el mensaje que vale es el que se recibe, no el que se emite. Quien emite el mensaje, lo hace con una intención, pero lo que importa es cómo llega el mensaje a los demás y qué significado pueden ellos extraer.

Di un largo paseo por los acantilados para tratar de profundizar en ese pensamiento. Esa vez no me hacía falta fijarme más en el faro porque ya conocía hasta el más mínimo detalle. Quería saber qué sentido tenía aquel descubrimiento aplicado a la comunicación, así que recurrí a la comparación entre cómo se comunican los faros y cómo nos comunicamos nosotros. Los faros hablan con luz; nosotros, con palabras. Los faros emiten un mensaje determinado con la secuencia de destellos; nosotros lo hacemos con el tono de nuestra voz. Si el faro cambia su secuencia, el mensaje que da es muy diferente. Si nosotros cambiamos el tono de voz, nuestras palabras también adquieren un significado muy distinto. Un tono de voz determinado da un sentido u otro a nuestras palabras. Y de la misma forma que los faros no pueden ver el efecto externo de la secuencia de destellos que emiten con su luz, tampoco nosotros podemos escuchar desde fuera el efecto de nuestro tono de voz. Si queremos saber cuál ha sido nuestro mensaje, debemos conocer qué ha comunicado nuestro tono de voz, pero, al no podernos escuchar, nos lo tienen que confirmar desde fuera; igual que un faro necesita que pase un barco para confirmar su mensaje, nosotros necesitamos que alguien nos escuche y nos diga qué transmite nuestra voz. Lo que al fin y al cabo habremos dicho será lo que las personas capten, no lo que nosotros teníamos la intención de decir. (Estaba construyendo un razonamiento un poco complejo, pero me llevaba por un camino que me resultaba especialmente interesante. Me remitía a muchas otras cosas que había aprendido sobre la comunicación, así que decidí continuar profundizando hasta el final.)

Todo aquello significaba que para conocer la forma en que llega nuestro mensaje, necesitamos conocer las reacciones de la gente. Y sabía —aunque era incapaz de ponerlo en práctica— que para captar la reacción de los demás mientras uno habla basta con estar atento a sus gestos, sus expresiones y, sobre todo, observar sus ojos. Porque los que escuchan hablan con los ojos. Los ojos lo dicen todo. Si tienes que parar, si tienes que ir más deprisa... Hay que estar siempre atento a la mirada de la gente. Hay que saber leer los ojos.

Me parecía que ya tenía la cuarta clave: importa lo que la gente capta, no lo que nosotros queremos decir. Y la manera de conocer e interpretar lo que la gente capta es leyendo sus ojos.

Pero me quedaba un cabo suelto. Un punto no resuelto que me angustiaba: si el tono de voz puede determinar el sentido de nuestro mensaje, ¿cómo podemos controlarlo?

Caminando y pensando, me había alejado del faro. Se estaba haciendo tarde, pero sentía que no podía abandonar allí mi reflexión. Tenía que llegar hasta el final y conseguir, así, que mi faro preferido me rindiera toda la luz que podía proporcionarme.

Me senté en las rocas y, a distancia, me dediqué a observar su figura. Se alzaba, magnífico, sobre el acantilado, y su luz dibujaba un trazo firme en el horizonte. Reinaba una quietud absoluta. Sentí mi propia soledad y la suya.

El faro está solo, es un solitario. Pero su función toma sentido cuando se interrelaciona con los navegantes. No obstante, él no cambia nunca los destellos. Nada lo condiciona: su luz no depende de su estado o de lo que pase a su alrededor. Nosotros, en cambio, no tenemos esa habilidad. Nosotros estamos condicionados por nuestros sentimientos.

Recordé una cosa que había aprendido de Max: son precisamente los sentimientos los que determinan el tono de nuestra voz. Las mismas palabras, con un sentimiento distinto, suenan de forma completamente diferente. Recordaba literalmente cómo lo había expresado: «La voz es el reflejo de lo que sientes. No cambies la voz, cambia lo que sientes».

Cansado y con el frío que me había ido calando a lo largo de las dos horas de observación, regresé por el camino que, desde hacía tantos años, conocía tan bien, pensando. Todo el entramado de ideas iba tomando cuerpo. En ese momento entendí la conexión entre sentimientos y comunicación. Cómo mis sentimientos afectan a mi mensaje, y, por lo tanto, lo importante que es conocer siempre cuáles son mis sentimientos. Los aspectos formales de la construcción del mensaje me resultaban fáciles y asequibles; eso, en cambio, era nuevo y primordial para mí. Estar en contacto con mis sentimientos era un asunto totalmente diferente.

Subí al coche. Inicié el regreso con un ojo puesto de nuevo en el retrovisor para contemplar todavía un rato más el escenario de Cavalleria. A pesar de serme tan conocido, continuaba cautivándome. Y aquel día estaba especialmente agradecido al faro por el descubrimiento que me había ofrecido. Entonces fui consciente de la necesidad de estar en contacto con nuestros sentimientos en el momento de comunicarnos, porque son ellos los que determinan lo que estamos comunicando.

Recordé y reviví los esfuerzos titánicos que había tenido que hacer en una ocasión para comunicarme con un amigo con quien me había enfadado. Me había hecho una mala jugada. No sabía si de forma intencionada o no, pero me había dolido. Quería hablarlo con él. Me creía capaz de controlarme, de aplicarme la dosis necesaria de autocontrol para que no se me notara el enojo. Pero no fue así. Los sentimientos fueron finalmente más fuertes que mis intenciones y no pude esconder el rencor. El resultado fue una conversación subida de tono y plagada de reproches. Nada más lejos de lo que yo pretendía. Y, sin duda, nada que nos pudiera acercar.

También recordé, en el terreno profesional, muchas situaciones en las que ignorar mis sentimientos me había causado bastantes problemas. Pensé que me habría encantado llegar a ese descubrimiento mucho tiempo atrás, o poder contar con una segunda oportunidad para muchas de las situaciones que entonces acudían a mi mente como flashes. Revivía un caso tras otro en los que no había sido consciente de la fuerte carga emocional que llevaba dentro y que, inevitablemente, había transmitido en mi comunicación.

Perdido en mis pensamientos, había ido cogiendo un desvío detrás de otro maquinalmente. Llegué a casa casi sin darme cuenta. Aleix me había dejado una langosta para agradecerme la ayuda de la mañana. Pedí a mi madre la receta para hacer una caldereta y, aunque era bastante tarde, me puse a cocinar. Tenía muchas ganas de preparar aquel plato, aunque era mi primera experiencia y dudaba del resultado. Mientras la cazuela hervía en el fuego, envié el mensaje a Max:

> Importa la luz que ve el navegante, no la luz que sale del faro. Importa lo que capta la gente, no lo que yo creo que estoy diciendo. Solo si estoy en contacto con mis sentimientos, puedo saber lo que estoy comunicando.

La respuesta fue tan rápida como breve y concisa:

> Comunicamos lo que sentimos, nada más que lo que sentimos. Y lo que sentimos no se puede esconder.

Con la caldereta a punto, me senté a la mesa con toda la calma que se merecía aquel exquisito regalo.

Capítulo V

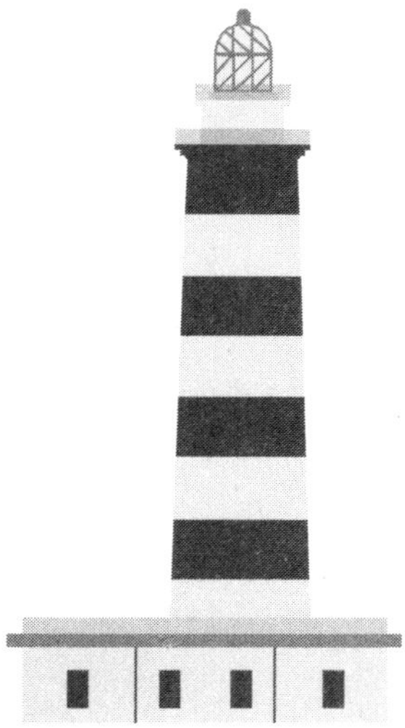

39° 48' N - 4° 17' E

Faro de la isla del Aire

El día amaneció cubierto de nubes, pero había un mar extraordinario. Solo me quedaba por visitar un faro, el quinto y último gran faro, el de la isla del Aire, un trozo de tierra deshabitado que se encuentra delante de la punta sudeste de Menorca, no muy lejos de la bocana del puerto de Maó. Desde la playa de Punta Prima, la isla se ve claramente, pero sabía que no conseguiría nada observando el faro desde la costa. Opté, pues, por buscar la manera de llegar hasta la isla, para acercarme al faro lo máximo posible.

Fui al puerto de Maó a media mañana y traté de alquilar un viejo conocido: el Trempallamps, un pequeño crucero de treinta pies que ya había alquilado en otras ocasiones, en verano, y que sabía perfectamente cómo gobernar. La excursión duraría unas tres horas porque para salir del peculiar puerto de Maó, de tres millas de longitud, necesitaba no menos de cuarenta y cinco minutos.

Por suerte, el crucero estaba disponible. Después de comer en el mismo puerto, fui al amarradero del barco, subí a bordo, y lo dejé todo listo para empezar a navegar. Entre una cosa y otra, ya era media tarde cuando solté las amarras. Como navegaba solo, y a pesar de la bonanza del tiempo, decidí ir a motor y no desplegar velas para no complicarme la vida.

Aún era de día cuando llegué a la isla del Aire. Me acerqué mucho con la intención de poder saltar en tierra, pero no tardé demasiado en renunciar a esa idea. Si quería pisar la isla, tenía que fondear y después llegar nadando hasta allí. Una cosa es que hiciera buen tiempo, y otra muy diferente meterme en el mar a mediados de marzo, con el agua a una temperatura de 14 °C. Descartada esa posibilidad, opté por aprovechar la ocasión y el tiempo del que disponía para navegar un rato más. Tomé rumbo hacia el oeste para recorrer un buen trecho de la costa sur de Menorca. Llegué hasta los pueblos de Binibeca, Binisafúller y el cabo d'en Font, donde di media vuelta cuando el sol estaba a punto de desaparecer por el horizonte.

El faro ya estaba encendido cuando emprendí el camino de regreso. Me dejaba guiar por la luz intermitente sin saber, como me había sucedido cada uno de los días de búsqueda, qué podría descubrir.

Me esperaba una hora larga de travesía. La velocidad lenta del velero me permitía concentrarme en la luz del faro con la esperanza de que, en algún momento, apareciera la pista que pudiera ayudarme a aprender algo nuevo. De pie en la bañera de popa, con la rueda del timón en las manos, miraba la proa para no perder la referencia del faro. Entonces me di cuenta de la cantidad de veces que debía rectificar el rumbo para avanzar en dirección al faro. Aunque no hacía demasiado viento ni había olas que me desviaran, tenía que rectificar constantemente. Fue así, intentando mantener fielmente el rumbo hacia el faro de la isla del Aire, como descubrí lo que significó una revelación: siempre era yo quien navegaba hacia el faro, quien rectificaba el rumbo para llegar a él; el faro, en cambio, no hacía nada o, en todo caso, no hacía nada más que ofrecerme la señal que me indicaba el camino. Era yo quien me dirigía hacia él, él solo me mostraba dónde estaba. Recordé la crítica de Max a mi presentación: «Has empujado a la gente en vez de dejar que vinieran hacia ti», justo lo contrario de lo que estaba haciendo el faro.

Esa era la última enseñanza, posiblemente la más sutil, y a la vez la más importante: el faro me proporcionaba la información, pero también me daba la libertad de tomar mis propias decisiones.

Los faros, mediante su luz, dicen quiénes son y dónde están. Anuncian su presencia con fuerza, con tenacidad, con convicción, pero sin ningún tipo de coacción. Te dan la libertad de acercarte o no, de dirigirte hacia ellos o seguir otro rumbo.

Ellos dicen: «¡Eh! Soy yo y estoy aquí. Si te identificas conmigo, sigue mi luz. Si no, sigue tu camino».

Había aprendido de la isla del Aire que un faro da un mensaje que invita a acercarte sin ningún tipo de coacción.

Con la lección del faro en mente, pensé en lo que nos sucede cuando nos comunicamos. Pensé que escoger, tomar decisiones propias, es lo que nos otorga plenitud como personas. Por eso, cuando intentamos condicionar, coaccionar esa libertad, cuando nuestra determinación es convencer, no conseguimos nada positivo. Comunicar como los faros significa darnos a conocer, de la forma más brillante y más seductora posible, pero ofreciendo libertad absoluta para que los demás vengan hacia nosotros o sigan otro camino. Solo nuestro entusiasmo, la fuerza de nuestra luz, la magia de nuestros destellos, consiguen que nos escojan. No puedo presionarte ni puedo coartar tu libertad, porque comunicar no es arrastrar ni empujar, es invitar. La libertad de escoger es un valor irrenunciable del que todos disfrutamos.

Era un cambio total de visión. Un giro de ciento ochenta grados. Un planteamiento radicalmente diferente de la comunicación, del cual me sentía completamente distante en aquel momento pero que, a la vez, me resultaba fascinante. Había encontrado la clave más importante.

Pasé por delante del faro sin detenerme, rumbo a la bocana del puerto de Maó. El faro había hecho su trabajo, me había seducido y me había guiado proponiéndome su camino, y yo le agradecía que lo hubiera hecho sin condiciones, sin empujarme.

Amarré el Trempallamps en el muelle. Revisé la cubierta y aseguré los amarres. No pude resistir la tentación de dar un paseo a pie por el muelle mirando —y envidiando— todos los barcos amarrados. Eran embarcaciones que, en un momento u otro, en su travesía de camino hacia Maó, se habían dejado guiar por el faro de la isla del Aire. Entonces pensé que comunicar e invitar exigen una seguridad personal y una dosis de generosidad que están al alcance de muy pocos. Yo me sentía muy lejos de eso. La tentación de llevar a los demás hacia nuestro territorio es enorme. Insistimos, pinchamos, presionamos, sin darnos cuenta de que cada palabra de más nos aleja un poco más de las personas.

Cuando terminé el paseo, subí al coche para volver a casa. Cogí la carretera que va directa de Maó a Fornells. Es una vía secundaria, más estrecha, pero encantadora y en la que prácticamente no hay tráfico. Por el camino hice un inventario mental de las personas que podía tomar como referencia, que se comunicaban con aquella generosidad y aceptación. Recordé a una amiga con quien habíamos compartido, precisamente, veranos en Menorca cuando éramos pequeños y a quien he continuado viendo a lo largo de los años. Su entusiasmo y también su respeto por la opinión de los demás la han hecho una persona excepcionalmente persuasiva y con la que siempre contarías para cualquier cosa.

Y en la otra cara de la moneda, estábamos unos cuantos. Casi todos. Sonreí solo, pensando en cómo nos esforzamos para convencer a la gente, en cómo subimos el volumen de la voz, en cómo dejamos de escuchar y no paramos de hablar, en cómo rechazamos cualquier opinión que cuestione la nuestra... Como si, de repente, el faro de la isla del Aire acelerara inexplicablemente el ritmo de los destellos o emitiera una luz más intensa para llamar la atención. Si lo hiciera, solo conseguiría deslumbrarnos, cegarnos, que es lo que hacemos nosotros, sin darnos cuenta, con nuestros intentos de persuasión.

Invitar en lugar de empujar. Me encantaba aquella idea. Quería creer en ella, pero era consciente de que iba en contra de la manera de comunicar de muchos de los que se consideran buenos comunicadores. Pensé en las personas que más me habían influido a lo largo de la vida. La lista no era extensa. Había un antiguo director, dos tíos, un gran amigo y Max. Todos ellos, indudablemente, me habían respetado, no era gente que hubiera intentado imponerme sus convicciones. Y no me costaba nada reconocer que también había otras personas, consideradas «buenas comunicadoras», que me habían impactado en un principio, pero que a la larga no me habían convencido. Estaba claro, y los faros no se equivocaban: la seducción puede más que la imposición. Todos los que hicieran ese pequeño ejercicio llegarían a la misma conclusión.

Pero qué difícil era ser como el faro, mantenerse convencido, firme, sin alterar el mensaje, con la confianza de que solo así puedes guiar a los barcos hacia ti, y viendo con toda serenidad cómo se van hacia otro destino aquellos que no escogen el rumbo que tú les propones.

Al llegar a casa, todavía me quedaba un poco de caldereta del día anterior para cenar. Envuelto por la calma de la noche, envié el último mensaje a Max:

> Soy yo quien navega hacia el faro si él me seduce. Pero ni me empuja ni viene a buscarme. Respeta mi libertad. Esta es la gran clave y la última.

Ya estaba en la cama, leyendo un libro, cuando recibí la respuesta:

> Es tu convicción la que me convence, no cualquier esfuerzo que puedas hacer para convencerme. Esta es, en efecto, la quinta y definitiva clave.

Capítulo VI

Cavalleria de nuevo

Aquella noche me despertaron los silbidos del viento. Sabía muy bien qué significaban aquellos silbidos: estaba entrando la tramontana. Me levanté para asegurar los postigos de las ventanas. Las ráfagas de viento fueron ganando intensidad y frecuencia. A primera hora de la mañana ya tuve que luchar con la puerta, que se abre a contraviento, para salir de casa.

La tramontana en Fornells puede medirse por la altura de las olas cuando baten contra la bocana. Y por si salpica en el jardín el agua salada de las olas. Si la espuma salta por encima del islote que hay en la bocana, la tramontana es de las fuertes. Si salpica el jardín de casa, es de las excepcionales. Así pues, un simple vistazo a la bocana permite hacerte una idea bastante exacta del nivel de la tramontana. Aquella, por lo que pude ver, era de las importantes.

Había hecho los deberes. Tenía las cinco claves decisivas que me habían enseñado los faros para entender más a fondo la comunicación. Había sido una experiencia intensa y estimulante, y en el momento en que me tocaba volver a la realidad de la vida cotidiana, no quería irme sin hacer una última visita. Aprovechando el espectáculo que me brindaba la tramontana, decidí hacer una nueva visita de despedida —o más bien de agradecimiento— a mi faro preferido, Cavalleria, donde había una parte importante de mí.

Tras recorrer el mismo camino que dos días atrás, llegué allí. El ambiente era eléctrico. La visita, habitualmente pacífica y relajada, prometía ser salvaje y excitante.

De entrada, costaba caminar. Avanzaba con el viento de cara, un viento «mojado». El ruido era ensordecedor. La espuma de las olas subía por el acantilado. Yo llevaba un impermeable, pero aun así, al cabo de un par de minutos, estaba impregnado de una fina capa de sal. Era difícil continuar avanzando. Los diez minutos de paseo hasta llegar a ver el mar abierto se convirtieron en quince o veinte. En el extremo de las rocas, el espectáculo era cautivador. Pude experimentar la potencia infinita del mar, que batía contra las rocas con estrépito, liberando una energía gigantesca. Las grandes olas llegaban de tres en tres, las veía venir. La energía se sumaba a cada una de ellas. Aquella enormidad me inquietaba.

Esperé la puesta de sol. El rojo del cielo añadía aún más magia al espectáculo. Olvidando por un momento lo que había ido a hacer, pensé en lo pequeño que me sentía junto a tanta energía. Lo vulnerable que era si me enfrentaba a la naturaleza. La naturaleza estaba enfadada, rabiosa, se rebelaba. Y en mí se manifestaban todos mis miedos. ¿Y si aquello no cesaba nunca? La fuerza del mar crecía y crecía. Parecía mentira que allí mismo, en aquel mismo mar y en aquel mismo cabo, normalmente navegaran los barcos. Parecía imposible que el mar pudiera volver a calmarse.

En aquel contexto impresionante, Cavalleria se puso en marcha para hacer su trabajo.

La experiencia me había ofrecido, de forma totalmente natural, una última clave: en aquel atardecer las emociones habían tomado el protagonismo por encima de todo. Cavalleria formaba parte de un conjunto capaz de emocionar, de mover sentimientos.

Los sentimientos tienen la capacidad de calar hondo, muy hondo. Y lo que sentimos muy adentro no llegamos a olvidarlo nunca.

No estuve en Cavalleria mucho rato porque, aunque el escenario era impresionante y lo que acababa de presenciar me había provocado un fuerte impacto, una mezcla de emociones, la tramontana me calaba hasta los huesos, y el ruido y la fuerza del viento me enloquecían. Aquella incomodidad física hizo que mi cabeza volviera a centrarse en el entorno más inmediato, que me pidiera cobijo, que me distanciara de la espiral de sensaciones en que me había sumergido. Todavía tenía la emoción a flor de piel, pero ahora la prioridad era entrar en calor. Me metí en el coche y, antes de arrancar, con la visión del faro ante mí, recapitulé lo que había descubierto a lo largo de aquellos días de invierno en Menorca observando los faros: la necesidad de tener un único y gran mensaje; de hacerlo memorable a través de las historias; de utilizar un lenguaje que conecte con la gente; de estar pendiente de lo que la gente capta, no de lo que quiero decir, y de estar convencido e invitar en lugar de intentar convencer. Todo eso era importante. Pero aún había otra cosa igualmente importante: aquella última noche de invierno en Menorca, Cavalleria había sido capaz de emocionarme, y eso sí que me costaría olvidarlo.

Capítulo VII

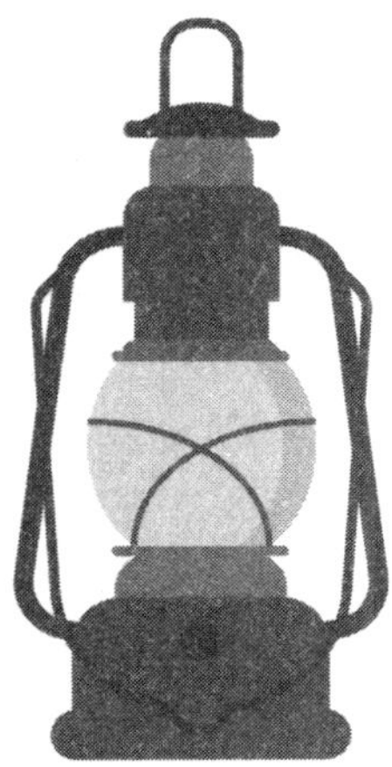

Y otra vez a mi pequeño mundo

Regresé a la Península al día siguiente, después de recorrer los cortísimos veinte minutos que separaban la paz, la reflexión, el estímulo... de la vida diaria, la vida «normal».

No habían pasado muchos días cuando me volví a encontrar encima de una tarima. Había preparado la presentación con mucho cuidado, siguiendo las cinco claves que me habían enseñado los faros. Había puesto esmero en el mensaje, en la historia, en el lenguaje, había ensayado el tono de voz y estaba decidido a invitar a los que me escucharan. Y, lo más importante, con la imagen todavía grabada en la mente de la última visita a Cavalleria, había decidido jugar fuerte e intentar llegar a sus sentimientos.

Hice una apuesta decidida por la autenticidad e infringí algunos principios de la comunicación en público. Huyendo de la perfección, quería, por encima de todo, intentar ser yo mismo. Sentirme cómodo, ser natural. Ser yo.

También tomé la decisión más arriesgada: prescindir de los papeles. Quería estar con la gente, ver sus reacciones. Y los papeles me lo impedirían. Me habían ayudado a preparar la presentación, a ordenar las ideas. Pero ahora ya sabía qué quería exponer y tenía claro que quería exponerlo tal como lo sentía dentro de mí. Sabía con toda seguridad que pagaría un precio por ello: me olvidaría de algo o tendría algún lapsus, pero sabía también que solo así tenía muchas más probabilidades de conectar con la gente.

Hablé. Miré a los oyentes. Modulé mi discurso. Y llegó el momento en que dije:

—... y eso es todo lo que os quería contar. ¡Muchas gracias!

Noté que las cosas, esa vez, habían sido diferentes. Sentía la electricidad en la sala. Sentía el calor de la gente. Había conseguido «tocarlos». Mover sus emociones.

Volví a recordar la imagen de Cavalleria. La tramontana, la puesta de sol, la espuma del agua, las olas. El faro encendido... Todo lo que había sentido aquella noche, impregnado de salobridad. Y el recuerdo me llevó a una reflexión que a menudo había oído decir a Max: «La vida se vive con el corazón, no con la cabeza».

Capítulo VIII

Viaje a Menorca diecisiete años después

Estoy en el avión en dirección a Menorca. Han pasado diecisiete años desde mi descubrimiento de los faros, y aunque he seguido viajando a la isla regularmente, esta vez voy con una misión muy concreta: validar si en el mundo actual, y después de todos estos años, el mensaje de los faros sigue vigente.

El avión comienza el descenso hacia la isla. Desde la ventana veo a mi izquierda el faro de Cavalleria, un punto blanco en medio del brazo de tierra que forma el cabo. Y más allá puedo distinguir el de Favàritx, en el extremo este. Cruzamos la isla a bastante altura, para hacer la aproximación al aeropuerto por el sur, y antes de dar el último giro para encarar la pista de aterrizaje consigo ver nítidamente el faro de la isla del Aire. Aterrizamos en Maó sin novedad.

Han cambiado muchas cosas en estos diecisiete años,

en mi vida personal y en el mundo. En mi vida personal, ya no tengo a mis padres esperándome en Sa Cotxeria. Nos dejaron, primero mi padre, poco después de mi primera exploración de los faros, y unos años más tarde mi madre, así que quien me recibirá esta vez será mi hija mediana, Andrea, que está viviendo en Fornells, haciendo un curso para ser guía de buceo. Y tampoco tengo a mi maestro, Max, mi faro personal. Murió hace unos años en la India, después de una larga vida en la que compartió su sabiduría con muchos de nosotros. Por lo tanto, esta vez no le podré escribir, no podré validar con él mis hallazgos. Pero sigo teniendo muy presentes sus enseñanzas, así que creo que podré intuir lo que me diría en cada caso.

Y en el mundo también han cambiado muchas cosas, especialmente respecto a la comunicación. Internet y los móviles inteligentes le han dado la vuelta a todo. El escenario comunicativo —redes sociales, inmediatez, sobreinformación— es muy distinto al de 2004, cuando exploré por primera vez los faros. Y a este nuevo escenario comunicativo se ha añadido un hecho determinante: una pandemia mundial, la de la COVID-19, que ha alterado de forma sustancial nuestras vidas y ha puesto a prueba nuestra capacidad de comunicación.

Y yo, en medio de esta nueva realidad, viajo a Menorca el fin de semana antes de Semana Santa, para reconectar con los faros, saber si sus claves siguen vigentes, y si aún puedo extraer de ellos alguna otra enseñanza. Esta vez no tengo una semana para recorrer los cinco faros uno a uno, tengo justo un par de días, pero he sentido la necesidad de ir a la isla, de sentir la humedad en el cuerpo y de empaparme de olor a mar para poder hacer el proceso. Y en cualquier caso, una visita a Cavalleria no me la quita nadie.

Llego bien entrada la tarde; Andrea me ha venido a buscar al aeropuerto. Subimos al coche y nos dirigimos a Fornells. Tengo la sensación de que Menorca está vacía. Casi no hay tráfico, porque no hay turismo; solo la gente de la isla. Llegamos a Fornells y vamos directos a Sa Cotxeria. Llego y no puedo evitar echar un vistazo fugaz a la que fue la casa de mis padres, ahora propiedad de mi hermano mayor y cerrada esperando el verano; un sentimiento nostálgico me invade. Por suerte la alegría y el optimismo de Andrea me levantan el ánimo nada más pisar Sa Cotxeria. Entro, descargo la maleta y sin pensarlo dos veces cojo el coche y me voy de camino a Cavalleria. No puedo perder el tiempo, porque aún estamos en horario de invierno y oscurece muy pronto. Llego a la barrera de la finca en el momento en que el sol ya se está poniendo. Y pasado el puerto de Sa Nitja, subiendo por la estrecha carretera que lleva al faro, veo como este se enciende. Primero es una luz desdibujada, verdosa, pero sé que en pocos minutos cogerá fuerza. Paro el coche, bajo, me siento en una gran piedra del camino y miro aquella luz con la misma curiosidad que la primera vez. Me hipnotizan los rayos de luz que barren el horizonte. Dos destellos cada diez segundos. Una secuencia constante, rítmica, inalterable.

Veo cómo la luz del faro va creciendo en intensidad, pasando del tono verdoso a un blanco radiante, al mismo tiempo que las últimas luces del día se desvanecen. Y veo cómo el faro toma el control de la noche. Majestuoso. Sereno. Imponente.

Y pensando en los últimos tiempos vividos, de caos comunicativo, de desorientación y de angustias, viendo aquella paz y aquella serenidad que destila Cavalleria, me digo a mí mismo que sin duda el mensaje de los faros tiene que seguir vigente. Que los faros siguen guiando con solidez. Estoy intuitivamente seguro de ello, y Cavalleria me lo transmite; no obstante, mi misión en este viaje es reflexionarlo serenamente.

Vuelvo a casa y me instalo en el pequeño salón de Sa Cotxeria. La casa está húmeda y hace frío. Me pongo un jersey grueso y me dispongo a tomar las primeras notas.

Escribo que estamos en un mundo nuevo, el de internet, un mundo de inmediatez de la comunicación; un mundo en el que todo pasa en directo, todo se sabe al instante y todas las personas son relatoras de la realidad. Y parecería que en este escenario ya no necesitamos guía, no necesitamos faros. Pero la realidad es que, precisamente en este escenario, no sabemos qué es verdad y qué es mentira, y tenemos tanta información que todo presenta mil matices y no hay certezas. No hay guía, no hay rumbo. Las redes nos brindan al mismo tiempo la información inmediata y el «ruido» de las noticias falsas, que a menudo —precisamente porque son falsas— tienen mucho más protagonismo. Todo el mundo comunica, todo el mundo dice lo suyo, y todos nos hacemos eco de todo. Se han encendido millones de luces a la vez. Es como si cada uno de nosotros hubiéramos encendido nuestro propio faro, con nuestro código, confundiendo sin remedio a los navegantes.

Y a nivel puramente personal, en los últimos tiempos tampoco lo hemos tenido nada fácil. Hemos tenido que afrontar fuertes impactos emocionales sin poder comunicarnos como deberíamos. Hemos tenido que afrontar la tristeza de los amigos sin poder abrazarlos y el miedo de los abuelos sin poder cogerles la mano. Nos necesitábamos los unos a los otros, y hemos tenido muy pocas oportunidades de comunicarnos cara a cara, de verdad. Necesitábamos tener un faro cerca, y ser nosotros mismos un faro para muchas personas, y no ha podido ser así.

Andrea, ajena a mis pensamientos, me pregunta:

—¿Qué preparamos para cenar?

Me da pereza preparar la cena, así que le propongo ir a S'Algaret, uno de los restaurantes de la plaza mayor del pueblo, uno de los de toda la vida.

—Papá, ¿en qué mundo vives? —me responde—. Estamos en pandemia, está todo cerrado.

Es verdad. Supongo que el entorno de serenidad y naturaleza virgen de la isla de Menorca hace que lo olvide.

Nos organizamos enseguida. Hacemos unas tortillas con sobrasada frita y pan con tomate. Estoy cansado y tras interesarme por la progresión del curso de Andrea me voy a dormir. El trabajo que he venido a hacer tendrá que esperar.

A la mañana siguiente me levanto pronto y salgo de casa para encontrarme con Aleix, mi vecino pescador. Para él las cosas también han cambiado. Se ha jubilado, y ahora es su hijo Oriol quien pesca. Pero él sigue levantándose muy temprano. Cuarenta años saliendo a pescar antes del alba dejan una huella permanente en las costumbres. Lo encuentro desayunando en la cocina de su casa, nos saludamos y, tras ofrecerme una buena rebanada de pan con queso, me propone un paseo hasta el puerto. Me enseña orgulloso la nueva barca que se ha comprado Oriol. Compartimos un rato de charla, hasta que me anuncia que tiene que dejarme, pues ha de ir a Maó a hacer unos encargos. Yo doy una larga caminata por el paseo marítimo disfrutando de Fornells sin gente.

Vuelvo a casa. Entre una cosa y otra es mediodía. Encuentro a Andrea preparándose para ir a su curso. Comemos juntos muy pronto, y cuando ella se marcha me propongo revisar la teoría de los faros: ¿sigue vigente el mensaje que descubrí hace diecisiete años? ¿Me pueden enseñar los faros alguna cosa más en el contexto actual? Esta vez no tengo tiempo de hacer la ruta faro a faro, pero tampoco necesito hacerla. Después de tantos años visitando la isla, tengo cada faro grabado en la mente. Recuerdo perfectamente su perfil, sus colores, la secuencia de sus destellos... Cerrando los ojos puedo verlos perfectamente uno a uno. No necesito ir a verlos para sacar mis conclusiones, pero lo que sí que me ayuda es respirar el ambiente marino del jardín de casa, sentir el olor a mar, la humedad que lo moja todo y la sal que se queda pegada en todas partes. Así que, bien abrigado, me instalo en la pérgola del jardín, y delante del azul del mar inicio mis reflexiones.

Internet ha multiplicado la comunicación, no hay duda, pero no necesariamente la ha hecho mejor. Nos ha conectado a mucha gente y nos ha permitido mantener el vínculo en la distancia con las personas queridas. Y esto ha sido —y es— un regalo. Pero por el camino nos ha mostrado también su peor cara. Internet nos ha traído una pérdida de calidad en la comunicación. Solamente hay que navegar un rato por cualquier red para encontrar informaciones falsas, noticias tendenciosas, ataques personales y descalificaciones. La comunicación en internet es impulsiva, visceral, sin filtro, y está haciendo mucho daño muy a menudo. La comunicación actual necesita serenidad, necesita contención. Nos comunicamos más que nunca pero nos comunicamos peor, creo.

Lo tengo claro: necesitamos más que nunca los grandes faros.

Sí, después de diecisiete años aún creo que los faros siguen siendo la respuesta, pero necesito validar sus principios uno por uno. Así que empiezo: cierro los ojos y visualizo el faro de Favàritx haciendo su trabajo en plena noche. Lo observo: 2+1 cada quince segundos es su mensaje...

Tengo —es cierto— un nítido recuerdo de cada faro, pero para hacer lo que quiero hacer me doy cuenta de que no tengo suficiente con eso. Necesito los faros. Verlos. Necesito que lo que me tengan que decir me lo digan ellos.

Una idea un tanto insensata me asalta. Cojo el móvil

y me conecto a Google Maps. Hago los cálculos: 173 quilómetros y 188 minutos de ruta. Es factible. Voy a hacer la ruta de una tirada: voy a hacer mi particular «maratón de los faros».

Le dejo una nota a Andrea para que me espere a cenar, avisándola de que probablemente llegaré un poco tarde. Cojo el coche e inicio mi recorrido. Necesito optimizar la ruta, así que no respetaré el orden de mi primera investigación en 2004.

Empiezo por Favàritx. En verano la carretera está cerrada al tráfico para proteger el entorno. Afortunadamente, fuera de temporada está abierta, y con el coche puedo acercarme mucho. Llego a Favàritx aún de día. La visión es diferente. Pero la torre se me presenta imponente, en medio de las oscuras rocas. Me siento unos minutos contemplando la majestuosidad de la torre. «Un único gran mensaje» es la clave de Favàritx. Un mensaje único y valioso. Y sí, está claro, seguimos necesitando copiar el faro de Favàritx en nuestra comunicación. En la situación actual, de sobrecomunicación, de caos comunicativo, ahora más que nunca debemos dar mensajes especialmente claros. Lo necesitamos hacer para no confundir a la gente. Favàritx me reafirma su vigencia.

Subo al coche y me dirijo a Punta Prima. Desde la costa del pequeño pueblo tengo una nítida visión del faro de la isla del Aire. Aún está apagado. Tengo delante de mí la isla, y el faro. Imagino barcos siguiendo el rumbo del faro, y alguno también que pasa de largo. El faro les da la libertad de escoger su camino. Es una referencia para un destino elegido. «Invitar en lugar de empujar» es la clave del faro de la isla del Aire. Y de nuevo puedo validar su vigencia: si queremos convencer necesitamos creer en lo que comunicamos, mostrarnos nosotros convencidos. En un mundo lleno de «ruido» comunicativo, gritar más no es una opción. Lo es mostrar nuestra convicción.

Tengo por delante una larga tirada: hasta el cabo de Artrutx. El día se acaba, el cielo se oscurece. Llego y miro el faro que ya trabaja. Me acerco, observo su esbelta torre y su potente luz en medio de un cielo teñido del rosado de la reciente puesta de sol. Un espectáculo sobrecogedor e impactante, una luz potente, muy potente, que eclipsa al resto de las luces. Recuerdo la clave que nos enseña: «hacer los mensajes memorables». Y de nuevo puedo validarla: necesitamos hacer memorables nuestros mensajes; necesitamos que pasen por encima de los millones de mensajes que nos impactan cada día, que los eclipsen, que brillen más. El impacto es hoy en día y más que nunca una clave imprescindible.

No pierdo el tiempo; con rapidez cruzo Ciutadella por la ronda y me adentro en el camino de Punta Nati. Veo su perfil y veo su luz, recordando el mensaje que me dio en su momento: «comunicar en un lenguaje que conecte». Y otra vez me parece evidente la vigencia de esta clave. En estos diecisiete años ha habido infinidad de descubrimientos, el mundo se ha sofisticado. Hay mucha información, mucho conocimiento, a menudo incluso demasiado. Y no siempre lo entendemos. Debemos comunicarnos y pedir que nos comuniquen con un lenguaje llano, compartido, porque necesitamos entender y que nos entiendan con precisión. Necesitamos explicar y conocer muchas cosas nuevas, y necesitamos explicarlas y que nos las expliquen de forma que las podamos entender.

Vuelvo por el norte, con parada en Cavalleria. No me acerco. Lo disfruto una vez más en la distancia. Ochenta metros de acantilado lo hacen majestuoso. «Cuenta el mensaje que recibimos» es su clave. Lo sé. Lo noto. No hay duda, Cavalleria seduce con su magia, y nos sigue recordando que hace falta que nos comuniquemos con solvencia, con seguridad, dominando la escena. En un mundo audiovisual como el que vivimos, nuestra puesta en escena es fundamental, y más cuando comunicamos mensajes que implican fuertes emociones. La clave aprendida de Cavalleria en su momento me sigue pareciendo fundamental.

Sí, las cinco claves de los faros son plenamente vigentes. En esta locura comunicativa, con tantísimas luces a nuestro alrededor, y con tanta niebla de mensajes falsos o intrascendentes, necesitamos la eficacia y la solidez de la comunicación de los faros. Los faros, veinticuatro siglos después de su invención, siguen brillando con fuerza, y los necesitamos más que nunca. Esta es mi conclusión, y sé que Max estaría de acuerdo.

Llego a casa cansado pero fascinado. Han sido de nuevo los propios faros los que me han reafirmado la teoría.

Entro en Sa Cotxeria. Andrea me espera.

—¿Adónde has ido? —me pregunta.

—He hecho la «maratón de los faros».

Su expresión de perplejidad me recuerda la de mi padre hace diecisiete años cuando le expliqué que había venido a ver los faros.

Cenamos, me voy a dormir. Estamos agotados. Ella de su inmersión, yo de mi maratón.

A la mañana siguiente cuando me levanto hay una cosa que me inquieta. Tengo la sensación de que no lo he descubierto todo, de que el mensaje de los faros en efecto sigue siendo válido, pero que, en el contexto actual, aún tienen alguna cosa más para enseñarme, que me pueden dar más.

Siento la necesidad de salir, de dar un paseo. Cojo un anorak y maquinalmente camino en dirección a la bocana de la bahía. Llego al acantilado del final sin tener consciencia de ello; mis pies me llevan como hacen tantas veces cuando estoy en la isla. Y de repente me doy cuenta: tengo de nuevo Cavalleria delante de mí pero, eso sí, aún apagado. No da luz porque es de día, pero está allí, está presente.

Y esta es una clave fundamental en los tiempos actuales: la presencia. Una presencia que ayer sentí también en Favàritx y en la isla del Aire. Visitándolos a plena luz del día. En plena fiebre de internet y en situaciones como la reciente pandemia hemos descubierto más que nunca que nos necesitamos los unos a los otros, que aunque no podamos estar juntos o hablar, nos ayuda sabernos presentes. Y esto es lo que hacen los faros durante el día: estar presentes. A disposición. Nos dicen «estoy aquí y cuando caiga la noche te haré de guía. Pero te recuerdo que estoy aquí». Ser un faro también es esto: estar ahí, tener presencia. Que el otro sepa que si me necesita actuaré, encenderé mi luz. Pero que por encima de todo sienta que, aunque no nos comuniquemos, estoy.

Vivimos vidas complejas. No tenemos todo el tiempo que querríamos para compartir con los amigos o las personas que queremos. Ni tenemos últimamente demasiadas posibilidades. Pero es importante sentir que nos tenemos los unos a los otros. Esto también es comunicación. Esto también nos lo enseñan los faros.

Pasa el tiempo, cae el sol, y yo sigo fascinado por el descubrimiento. Dejo pasar los minutos hasta que llega la noche y Cavalleria se enciende. Y empapado de los rayos de luz que barren la superficie del mar, me doy cuenta de que, en el fondo, la comunicación sigue siendo lo que nos une o lo que nos separa. Que en esta vida navegamos a la luz de los grandes faros, y que todos, un día, podemos ser un faro para alguien.

Epílogo

Cuando me preguntan por qué he escrito este pequeño libro, siempre recurro a una frase que leí tiempo atrás y que dice: «En esta vida, acabamos enseñando lo que más necesitamos aprender».

Hacía mucho tiempo que sentía la necesidad de aprender sobre comunicación, para mi trabajo y, sobre todo, para mi vida personal. Y esta necesidad se hizo ineludible el día que llegué a la conclusión de que detrás de la mayor parte de mis conflictos había una incapacidad para transmitir mis ideas con claridad, una incapacidad que me impedía comunicarme eficazmente con la gente.

Cuando fui consciente de esta carencia, decidí empezar una búsqueda para ponerle remedio; me pregunté qué hacía posible una buena comunicación, cuáles eran las claves que podían ayudar a mejorarla.

Para encontrar respuestas, exploré muchos caminos.

Durante años, me observé y observé a la gente que me rodeaba para analizar cómo nos comunicábamos. Y leí e investigué. Poco a poco fui descubriendo cosas que me parecieron decisivas para comunicarse mejor. Vi claro que dar información y comunicar son dos cosas absolutamente distintas. Si dar información raramente suscita interés en los otros porque es un acto bastante neutro, que no exige ninguna implicación emocional, comunicar es todo lo contrario. Se trata, posiblemente, de una de las habilidades más determinantes de nuestra vida.

También entendí que saber comunicar eficazmente una idea es tanto o más importante que tenerla. De poco sirven nuestros pensamientos si no somos capaces de hacerlos llegar a los demás. La incapacidad de hacer partícipes a los otros de lo que se nos ha ocurrido, de lo que pensamos, de lo que nos inquieta, de lo que deseamos, puede conducirnos a una inmensa soledad, a un profundo sentimiento de frustración. Aunque desde muy pequeños nos incitan a desarrollar nuestro talento, a tener ideas, nadie nos enseña la parte más comprometida: comunicarlas.

Pude experimentar en mi propia piel que comunicar eficazmente tiene un efecto secundario: permite construir relaciones, porque la comunicación dice mucho de nosotros mismos y nos acerca a los demás. Crea complicidades. A veces, pocas desgraciadamente, nos tropezamos con un desconocido con quien sentimos que, de forma espontánea, hay «sintonía» porque nuestra comunicación es intensa y fluida, de comprensión mutua, como si las palabras nos llevaran a un mismo espacio emotivo, sin que sea condición indispensable la coincidencia de opiniones, entusiasmos o aflicciones. Comunicar, pues, nos ayuda a compartir y nos hace más personas.

Todas estas reflexiones fruto de mi búsqueda fueron surgiendo a lo largo del tiempo de manera imprevisible, desordenada. Sin embargo, finalmente encontré el vínculo que podía unirlas y que me permitía articularlas en un discurso. Fue a raíz de observar uno de los instrumentos de comunicación más sencillos y eficaces que existen, y que desde siempre me han fascinado: los faros. A lo largo de mi vida, he pasado muy buenos ratos en Menorca; allí los faros rodean la isla, dibujan su perfil con puntos de luz en medio de la oscuridad. De entre todos los faros de Menorca, recurrí a los cinco principales, los que aparecen como gran referencia en todas las cartas náuticas, para ordenar las conclusiones a las que me había llevado la búsqueda, y las ordené como una secuencia. Este fue el último paso de la búsqueda de lo que yo llamo «las cinco claves de la comunicación», es decir, las cinco claves esenciales para transmitir con eficacia nuestras ideas: para hacerlas comprensibles, memorables y, sobre todo, para ser capaces de llegar a los sentimientos de la gente. De este largo camino ha salido un libro que quiere ser una ayuda para aprender a comunicarnos mejor, tanto delante de mil personas como de dos. En el trabajo o en nuestra vida personal. Los secretos, las claves, son los mismos.

Este no es un libro para profesionales de la comunicación. Este libro quiere ser para todos aquellos que un día quieran transmitir una idea o se encuentren con la necesidad de hacerlo, y deseen que esta llegue con claridad y fuerza a los demás. Y aunque parte de una experiencia y una búsqueda personal, me gustaría que quienes leyeran este libro se vieran reflejados y que les ayudara a encontrar los elementos de reflexión que pueden mejorar su capacidad de comunicación.

Este, pues, quiere ser un libro para todo el mundo. De hecho, en su gestación, me he inspirado en personas muy diferentes y de ámbitos muy distintos: desde un amigo médico hasta un profesor excelente, pasando por un queridísimo directivo de empresa o una entusiasta madre de familia. Todos ellos tenían un rasgo en común: eran unos comunicadores excelentes. Pero también he aprendido mucho de algunas personas que he ido conociendo a lo largo de todo este tiempo, con una gran dosis de talento pero incapaces de transmitir entusiasmo a quienes los escuchaban. Gracias a unos y a otros he podido descubrir qué se esconde detrás de la buena comunicación y también de la comunicación no tan buena.

Espero que las cinco claves que se exponen en el libro os sean inspiradoras, que encontréis los elementos de reflexión que os ayuden a mejorar la comunicación, de forma que vuestros mensajes lleguen a la gente de manera plena, que susciten en quien os escucha todo el interés y la complicidad que se merecen, y que os permitan disfrutar de la maravillosa experiencia de comunicarse con los demás.

Barcelona, agosto de 2004

Anexo

Ser un faro: las cinco claves de la comunicación

Los faros son una guía imprescindible para los navegantes: muestran el camino que tienen que seguir, y lo hacen destacando majestuosamente en la oscuridad de la noche.

Nosotros, con nuestra comunicación, podemos ser una pequeña luz que se pierda en medio de las otras luces de la noche, o podemos ser un potente faro, que impacte, que guíe y que sea recordado.

Ser un faro significa hacer nuestra comunicación más persuasiva, más convincente y más memorable. Y para serlo solo nos hace falta una cosa: copiar lo que ellos hacen.

Estas son las cinco claves que hacen de los faros uno de los instrumentos de comunicación más eficaces y seductores que existen, y que pueden hacer de nosotros unos grandes comunicadores:

1) Un único gran mensaje...

Para ser un faro lo primero que necesitamos es transmitir un mensaje único, sencillo y claro.

Cuando nos comunicamos lo hacemos para transmitir un mensaje. Y nosotros tenemos que ser los primeros en tenerlo diametralmente claro. Y tiene que ser un mensaje único, y también grande.

Necesitamos que sea único para —igual que lo son los faros— ser una guía clara para nuestra audiencia. Y necesitamos que sea grande para aportar valor, para asegurarnos que brindamos a las personas que nos escuchan alguna cosa que vale la pena.

¿Y cómo lo podemos hacer? En primer lugar, necesitamos definir de forma concreta y precisa nuestro mensaje. Así, antes de cada comunicación, y antes, por supuesto, de preparar ninguna nota, ninguna diapositiva o ningún guion, tenemos que pensar qué es exactamente lo que queremos decir, y tenemos que poder sintetizarlo y escribirlo en una frase, una sola frase que será la esencia de nuestra presentación. Si no somos capaces de hacer este ejercicio de concreción, significa que o no sabemos qué queremos decir, o lo que tenemos que decir es demasiado complejo; y si es así necesitamos reformularlo.

Tenemos que pensar: si nuestra audiencia recordara un solo mensaje, ¿cuál querríamos que fuera? Esta es la pista fundamental con la que podemos trabajar.

Llenar una presentación es fácil. Todos podemos hablar largo rato de lo que conocemos. En cambio, sintetizar es muy difícil: requiere tomar decisiones, descartar ideas y escoger, algo que a menudo nos cuesta hacer. Cuando queremos decir demasiadas cosas corremos el riesgo de que ninguna llegue con claridad, ya que los mensajes acaban compitiendo los unos con los otros, y finalmente no queda nada en el imaginario de la gente. Cuando en una charla creemos que todo es importante, nada lo acaba siendo.

Así, un mensaje único es esencial. Y un mensaje único no quiere decir que solo podamos decir una cosa. Quiere decir que todo lo que decimos tiene que estar al servicio de ese mensaje. Cualquier argumentación, ejemplo o detalle tiene que girar alrededor del mensaje que hemos elegido.

Además, tener claro nuestro mensaje central es un valioso salvavidas. En el momento en que perdemos el hilo o no nos salen las palabras, podemos acudir a él con naturalidad. Al fin y al cabo, es lo que de verdad queremos decir.

Escoger el mensaje es el primer paso. El segundo será tener una buena arquitectura de nuestra presentación. Organizar la información de manera que llegue de forma eficiente. Si tenemos una arquitectura sólida, la presentación tiene muchas posibilidades de funcionar muy bien. Una buena arquitectura hace perdonable una no tan buena puesta en escena, en cambio, con una mala arquitectura —o directamente sin ella— podemos ser los mejores actores del mundo que no salvaremos nuestra presentación.

Y una buena arquitectura necesita que tengamos clara la jerarquía de la información que daremos. Necesitamos distinguir entre lo que es nuestro mensaje, los titulares que elegimos y los argumentos. Para una presentación eficiente necesitamos un único mensaje, hasta tres titulares (tres es el número mágico, las personas recordamos especialmente bien tres unidades de información) y los argumentos estrictamente necesarios (solamente los necesarios) para explicar cada titular. Y es importante que la exposición respete esta jerarquía: necesitamos comenzar por el mensaje, dar luego los titulares y, seguidamente, para cada titular exponer sus argumentos. Y si queremos redondear la arquitectura, después de exponer los argumentos acabaremos recordando los titulares para cerrar de nuevo con el mensaje.

Es importante seguir esta lógica. Se ha demostrado que el cerebro necesita tener una visión general de las cosas antes de entrar en los detalles. Al mismo tiempo, tenemos que ser cuidadosos para no dar más argumentos de los necesarios: la misma investigación nos avisa de que el exceso de información produce el llamado «bloqueo cognitivo», que hace que no nos lleguen las ideas. Y a esto se le añade el «efecto dilución», que consiste en que cuando añadimos argumentos irrelevantes, no sumamos contenido, sino que lo que estamos haciendo es debilitar los argumentos principales. La cantidad juega en contra de la calidad. Es fundamental, por tanto, apoyarnos siempre en pocos y potentes argumentos.

Con una buena arquitectura evitaremos decir cosas que no tengan nada que ver con nuestro mensaje. Y evitaremos por encima de todo enrollarnos, el daño colateral más habitual cuando no tenemos clara la estructura de la presentación. Un daño colateral que tiene claras consecuencias: la principal, que las personas no vuelvan a una de nuestras charlas o, si lo tienen que hacer, que lo hagan sin prestarnos ninguna atención.

Necesitamos tener un único mensaje, pero también que este mensaje sea grande. Valioso. Original. Puede ser una nueva idea o una nueva visión de una idea ya conocida, pero tenemos que ofrecer algo especial. Porque la gente que nos escucha dedica un tiempo precioso y, a cambio, tiene que poder sacar alguna cosa que valga la pena.

En la era de internet, proveer de información ya no es suficiente. Necesitamos dar valor añadido. Procesar la información y convertirla en un mensaje y unas ideas con sentido. Si no, no aportamos valor.

Dar un mensaje que sea grande es una muestra de respeto hacia la audiencia. Los que nos escuchan tienen que percibir que aquel mensaje ha sido preparado para ellos y solo para ellos. Y esto significa directamente que no podemos repetir nunca una misma presentación o una misma intervención. En cada presentación tenemos que cambiar alguna cosa porque la gente que la recibirá no es la misma que la de la última vez que la hicimos. Tenemos que adaptar los ejemplos, incluir una nueva historia o rehacer parte del contenido. Debemos encontrar el detalle que la haga única y especial para las personas a las que va destinada. Nuestro mensaje no solo tiene que ser uno, también tiene que ser valioso e interesante.

Y así como los faros brillan en medio de la noche con un único mensaje, nosotros podemos brillar con una única idea, valiosa, que sea recibida por la gente que nos escucha como un verdadero regalo.

2) ... explicado de forma memorable...

Ser un faro implica también destacar. Llamar la atención. Ser fácilmente visibles e identificables en mitad de la noche.

Nuestro mensaje compite con la infinidad de otros mensajes que todos recibimos cada día y que, por puro instinto de supervivencia, borramos de nuestra mente al cabo de un rato. (A menudo se habla del «síndrome de demasiada información», que nos produce considerables dosis de estrés.) El cerebro promueve el olvido porque si no lo hiciera le sería imposible gestionar toda la información que nos llega cada día.

En estas circunstancias, para que nuestro mensaje no se desvanezca, para que la gente lo recuerde y no lo borre, lo tenemos que hacer especialmente memorable. ¿Y qué hace memorable un mensaje? La respuesta es sencilla: la emoción.

La memoria es gestionada por un área del cerebro llamada hipocampo. Él decide qué vale la pena almacenar y qué no. Y para decidirlo utiliza un criterio: la emoción. Si alguna cosa ha estimulado mis emociones, el hipocampo decide que vale la pena almacenarlo; si no lo ha hecho, lo podemos descartar. Así, aquello que nos emociona lo recordamos. El recuerdo siempre va ligado a una emoción.

¿Y cómo podemos mover emociones en una presentación? Un primer recurso que nos funcionará especialmente bien es la sorpresa. El cerebro no la puede ignorar. Y este es un recurso que siempre tenemos a nuestro alcance: un simple dato, expresado y presentado de forma sorprendente, puede desencadenar esta sorpresa.

Pero la manera más potente de estimular las emociones y de generar, por tanto, impacto y recuerdo es a través de los recursos narrativos: de las historias, las metáforas, los ejemplos, las vivencias... Las historias se fijan en la mente, cosa que raramente hace la información, a no ser que esta sea especialmente relevante para alguien. Las historias se personalizan, cogen multitud de significados, nos tocan emocionalmente y multiplican así el potencial de impacto de un mensaje y, en consecuencia, las posibilidades de que sea recordado.

Así pues, cuando tengamos nuestra idea —única y grande— trabajemos en encontrar una forma interesante de hacerla llegar a la gente. Rehuyamos la literalidad. Utilicemos nuestra creatividad. Construyamos una historia, pensemos en metáforas, en comparaciones, en una manera de explicarla que sea sugestiva y sorprendente. Es la clave para que sea recordada y pase por encima del resto de los impactos con los que cada día nos bombardean.

Cuando somos niños, aprendemos a través de los cuentos. En cambio, cuando somos adultos, parece que las historias ya no hacen falta, y que como hemos desarrollado nuestra capacidad de razonamiento, tenemos suficiente con las definiciones. Pero esto no es necesariamente cierto. La mente es metafórica y disfruta de las historias: le son mucho más inspiradoras que las definiciones. En la investigación neurológica se ha visto que cuando transmitimos a una persona una información se le ilumina una pequeña parte del cerebro. En cambio, cuando les explicamos una historia se le iluminan muchas áreas diferentes del cerebro. Se multiplica el estímulo y, por tanto, el impacto y la posibilidad del recuerdo.

Es importante también destacar que la gente acepta más fácilmente una nueva idea cuando su mente está en «modo narrativo», no cuando está en «modo analítico». Si nos hablan de hechos y datos, nuestra mente analiza, y consecuentemente cuestiona y pone en duda. Si nos explican una historia, nuestra mente absorbe, se conecta con las emociones y tiende a aceptar —o rechazar— sin cuestionar.

Utilizar recursos narrativos a menudo nos implica salir de nuestra zona de confort. Pero tenemos que estar dispuestos a salir de ella: si una intervención no nos provoca, antes de empezarla, ni la más mínima inquietud, probablemente sea demasiado convencional, y como tal será previsible y no se recordará. Vale la pena arriesgar un poco, probar recursos nuevos, eso sí, asegurándonos de que estos recursos contribuyen inequivocablemente al mensaje, que no son gratuitos. Y si se trata de una historia, tenemos que estar seguros de que trabaja correctamente el llamado «realismo psicológico», es decir, que presenta unas emociones que se pueden reconocer y unas interacciones creíbles entre los personajes.

Y una última recomendación: cuando tenemos un recurso potente de impacto vale la pena ponerlo al principio de nuestra intervención. Las personas decidimos en un tiempo muy breve (algunos autores hablan de noventa segundos) si vale la pena prestar o no atención. Si en los primeros minutos de una presentación no pasa nada especial, perderemos la atención de la gente.

En cualquier caso, tenemos que luchar por la atención de nuestra audiencia, y es importante recordar que los seres humanos establecemos conexiones emocionales con las historias, no con las definiciones o con los conceptos, porque las trasladamos a nuestra vida y a nuestra realidad. Es la diferencia entre hablar y comunicar. Hablar transmite información, mientras que comunicar, además, mueve emociones.

Los faros emiten una luz peculiar, que sobresale por encima de las otras. Nosotros podemos hacer que sobresalga nuestro mensaje a través de una historia, una metáfora, una anécdota o cualquier otra construcción retórica que la haga memorable. Porque las cosas que solo entendemos, las olvidamos. Las que, además de entender, las sentimos, las recordamos para siempre.

3) ... con un lenguaje que conecte...

Para ser un faro nos tenemos que entender con el receptor de nuestro mensaje a través de un lenguaje compartido.

Y cuando hablamos de lenguaje hablamos de tres cosas: del lenguaje oral; de cómo nos adaptamos a distintos estilos de personas con diferentes lenguajes, y del lenguaje visual (el apoyo visual de nuestra presentación).

Comencemos por el lenguaje oral. El lenguaje que escogemos para nuestra comunicación no depende de nosotros o de nuestro conocimiento; depende de aquellos a quienes va dirigido el mensaje. Tener o crear un lenguaje propio o utilizar un lenguaje demasiado sofisticado es una práctica que nos aleja de nuestros interlocutores.

El lenguaje que utilizamos habla de nosotros. Nos retrata. Un lenguaje demasiado elevado dirá de nosotros que somos fríos, pedantes o distantes. En cambio, un lenguaje llano y compartido dirá de nosotros que somos cálidos, próximos y humildes.

Escoger el lenguaje según nuestros interlocutores ya les da de por si un potente mensaje: que hemos pensado en ellos.

Utilizar un lenguaje técnico es, para mucha gente, una tentación. Denota de entrada un alto grado de conocimiento por parte del ponente. Pero esto es una percepción fugaz. Es un espejismo. En poco tiempo incomoda, distancia y enfría. Y según ha podido demostrar una investigación, el uso del lenguaje técnico denota inseguridad. Son las personas que menos seguras se sienten las que se refugian en este tipo de lenguaje, que se convierte en la coraza ideal. La máxima proyección de seguridad se produce cuando somos capaces de explicar las cosas de forma llana y directa, que las entienda el cien por cien de los que nos escuchan. Más vale la crítica ácida de los compañeros de profesión acusándonos de superficiales (crítica que a menudo esconde su propia dificultad para explicar las cosas de forma llana) que la incomprensión del resto de la gente.

Es importante no caer en la «trampa del conocimiento», que consiste en que sabemos tanto de un tema que no somos capaces de explicarlo de forma llana. Sentimos la necesidad de ponerle mil matices y mil detalles. Nos parece que si explicamos las cosas de forma demasiado sencilla las banalizamos. Y la realidad es que ser sencillos y llanos no quiere decir en absoluto ser banales. Significa que queremos llegar a todos y que tenemos los conocimientos suficientemente integrados dentro de nosotros para hacerlo. Solamente quien entiende muy bien una cosa la sabe explicar de forma sencilla. La apuesta, por tanto, es clara: necesitamos explicar las cosas con el lenguaje más sencillo posible, asegurándonos de que todas las personas, sin excepción, nos entiendan. Si tenemos audiencias donde se mezclan especialistas y personas que saben poco del tema, tenemos que hablar para estas últimas. Nadie puede quedarse sin comprender lo que explicamos.

Pasamos a explorar cómo nos adaptamos a diferentes estilos de personas con distintos lenguajes. Las personas somos diferentes, y recibimos la información de forma diferente. Distintas personas necesitamos distintos lenguajes comunicativos para poder conectar con el mensaje que nos quieren explicar. Para explorar este capítulo utilizaremos el modelo Bridge, que define cuatro estilos relacionales con los que nos podemos sentir identificados, y nos explica cuál es el lenguaje que necesita cada estilo.

El modelo parte de dos ejes que son dos características de nuestra personalidad:

- El primero es el eje racional-emocional.
- El segundo es el eje reflexivo-activo.

Con estos dos ejes, tenemos un esquema de cuatro estilos que, para hacer el modelo intuitivo, se corresponden con los cuatro elementos de la naturaleza: tierra, fuego, agua y aire. La síntesis del modelo es la siguiente:

El estilo Tierra es un estilo pragmático, conectado con la realidad y analítico. Lo que necesita son datos concretos, hechos objetivos y toda la información.

El estilo Fuego es rápido, decidido, valiente y muy ejecutivo. Lo que necesita son titulares claros y directos, y unos pocos datos de soporte.

El estilo Agua es empático, sereno, mediador y cooperante. Necesita trasladar los datos a vivencias o historias de la vida real.

El estilo Aire es apasionado, sociable y muy cautivador. Necesita visualizar los mensajes en su mente y lo podrá hacer con imágenes y/o metáforas.

Así, si queremos que todos conecten con nuestro mensaje, necesitaremos combinar diferentes lenguajes que apelen a los diferentes estilos. Estos lenguajes son:

Si somos capaces de combinar estos diferentes lenguajes nos aseguraremos de que conectamos con todos.

Y, finalmente, abordamos el lenguaje visual: los recursos de apoyo visual que podemos utilizar en una presentación (típicamente las diapositivas que proyectamos). Demasiado a menudo diseñamos unas diapositivas llenas de texto que no nos ayudan, que hacen las presentaciones pesadas y nos hacen, además, absolutamente prescindibles como ponentes.

Las diapositivas que preparamos para una presentación deben ser una ayuda visual. No son la propia presentación. Ni son un documento que después podemos distribuir entre la gente. Una presentación y un documento son dos cosas diferentes. El documento se tiene que explicar por sí solo, y se tiene que entender sin ningún dato añadido. La presentación debe ser intuitiva, y no tiene que poder entenderse sin la intervención del ponente. Si la presentación se explica sola, nosotros no somos necesarios. La gente o bien lee las diapositivas, o bien nos presta atención, pero no hace ambas cosas a la vez. Si tenemos una presentación que la gente puede leer, dejará de escucharnos, y perderemos la capacidad de persuasión.

Las ayudas visuales son esto: ayudas y visuales. Necesitan tener, por tanto, una imagen potente y pocas palabras. Nada más. La imagen será importante, porque el cerebro la procesa sesenta mil veces más rápido que el texto. Por lo tanto, la imagen hace su trabajo de forma inmediata, y nos prepara para escuchar el mensaje. A continuación, apuntamos algunas recomendaciones para construir las ayudas visuales:

- Evitemos las diapositivas literales, que leyéndolas ya nos lo explican todo. Nos hacen prescindibles como ponente, y harán que nosotros mismos las leamos, perdiendo la conexión con la gente.
- Utilicemos una imagen conceptual (no de decoración) y un máximo de seis a diez palabras.
- No enseñemos nada que no estemos explicando. Construyamos las diapositivas de forma que nos podamos asegurar de que cuando mostramos una idea, es la que estamos explicando. Tenemos que saber que no estamos biológicamente preparados para prestar atención a diferentes elementos a la vez.
- Incluir imágenes a nuestras diapositivas multiplica el recuerdo. Cuando solamente escuchamos, al cabo de tres días recordamos un diez por ciento de la información. Si añadimos una imagen, el recuerdo se dispara al sesenta y cinco por ciento.
- Seamos selectivos con la información. Debemos

> poner no lo que sabemos, sino solo lo que la audiencia necesita saber para entender lo que queremos explicar.

Diseñemos diapositivas sencillas, pero conceptualmente potentes. Fijemos imágenes icónicas en la retina de la gente. Es la mejor garantía de que nos entenderán y nos recordarán.

Los faros se entienden a la perfección con los navegantes porque comparten un lenguaje. Nosotros podemos establecer una conexión con la gente si, en vez de tener nuestro propio lenguaje, nos adaptamos en cada caso a los que nos escuchan, si combinamos diferentes lenguajes para diferentes estilos de personas, y si diseñamos diapositivas eficientes.

4) ... teniendo en cuenta que el mensaje que vale es el que capta la gente...

Para ser un faro necesitamos enviar nuestro mensaje de forma clara y eficiente. No puede haber interferencias que puedan confundir al navegante.

Una vez hemos construido el mensaje —un único gran mensaje, explicado de forma memorable, con un lenguaje que conecte—, necesitamos trabajar en la escenificación. Debemos conseguir que el mensaje que queremos dar sea el que realmente llegue a la gente. Y esto significa que lo tenemos que transmitir con efectividad. Nuestra escenificación debe ser solvente.

La gente no necesariamente capta de manera exacta lo que nosotros le queremos decir, especialmente si nuestra puesta en escena no acompaña al mensaje. No importa lo que nosotros tengamos intención de decir, sino lo que la gente percibe.

Y entre lo que queremos decir y lo que realmente decimos están nuestras emociones, que pueden jugarnos una mala pasada. La comunicación llega a nuestros interlocutores por tres canales:

- Las palabras dichas (lo que queda escrito).
- El tono de voz que hemos utilizado.
- El lenguaje no verbal (mirada, gestos y lenguaje de nuestro cuerpo).

Cuando hay congruencia entre los tres canales, es decir, cuando lo que digo y cómo lo digo van en sintonía, el mensaje llega nítidamente. Cuando no hay congruencia entre los tres canales (decimos una cosa y expresamos con el tono o los gestos otra diferente) lo que manda no es lo que decimos, sino claramente cómo lo decimos.

Este hecho es importante porque lo que decimos lo podemos controlar, lo podemos decidir racionalmente, pero no tenemos control preciso sobre cómo lo decimos. El cerebro es sincero por naturaleza y expresa lo que sentimos a través del tono de la voz y del lenguaje no verbal. La emoción se revela en la cara sin que tengamos control sobre este hecho y, por tanto, no podemos engañar. Así, si estamos nerviosos, inseguros, y no controlamos nuestra puesta en escena, esto es lo que captará la gente, aunque nuestro mensaje sea impecable. Controlar la puesta en escena es también controlar qué llega a la gente.

Además, el lenguaje no verbal es intuitivo. Lo captamos y descodificamos sin que seamos conscientes de ello. Los seres humanos estamos programados genéticamente para buscar señales faciales y corporales y para entender su significado. Hablamos con nuestras expresiones más alto y claro que con las palabras.

Así pues, podemos tener una determinada intención a la hora de comunicarnos, pero nuestras emociones nos pueden traicionar. Y, sin saberlo, se puede dar el caso de que estemos dando un mensaje completamente distinto al que queremos dar.

Por eso hace falta que estemos, en todo momento, en

contacto con nuestros sentimientos. Si no los controlamos, tampoco controlamos lo que estamos comunicando. Más vale no comunicar si reconocemos en nosotros sentimientos que pueden distorsionar nuestro mensaje, porque no los podremos esconder. La gente lo captará por el tono de nuestra voz. Ellos pueden escucharlo. Nosotros, no.

Es importante comunicar siendo conscientes de nuestras emociones, y es importante también, una vez estemos comunicando, captar qué es lo que provocamos en la gente que nos escucha. La audiencia recibe nuestro mensaje y le produce un efecto, que puede no ser el que nosotros habíamos previsto o el que deseábamos. Es por esto que es importante que sepamos leer sus reacciones. ¿Y cómo lo podemos hacer?

Toda comunicación, incluso en público, es un diálogo: el ponente habla con la palabra, los oyentes lo hacen con los ojos. Es por este motivo que necesitamos establecer contacto visual directo con la gente que nos escucha. Debemos comunicarnos ojos con ojos. La mirada de nuestra audiencia nos lo dice todo: cuándo tenemos que parar, cuándo estamos aburriendo, cuándo hemos conectado de verdad... Si los miramos a los ojos durante nuestra intervención tendremos toda la información, y podremos cambiar las cosas si la reacción de la gente no es la que esperamos.

Encontraremos en nuestra audiencia dos tipos de miradas que conviene tener en cuenta: las miradas de confort y las miradas de reto. Las primeras se expresan con una sonrisa y un leve gesto afirmativo. Nos gusta encontrarlas, y tendemos a quedarnos concentrados en ellas, dejando de prestar atención al resto de la audiencia. Podemos ir a buscarlas cuando necesitamos energía, cuando buscamos ánimo. Pero debemos tener cuidado en no dejar de lado al resto de la gente.

Las segundas se expresan con una postura corporal distante, y un rostro que sugiere duda o desacuerdo. No las debemos rehuir. Tenemos que integrarlas, dedicándoles si conviene unos instantes más que a los demás. Porque están poniendo a prueba nuestra seguridad, y debemos mostrar que no nos incomodan ni conseguirán desconcentrarnos.

Es importante destacar el papel de las primeras impresiones: el cerebro emotivo es muy rápido, mientras que el racional es mucho más lento. El pulso de un ponente se toma a partir de su expresión facial. La primera impresión es siempre no verbal. Muchas veces la audiencia llega a una conclusión sobre el ponente mucho antes de que haya tenido la más mínima oportunidad de deslumbrar con su contenido, y lo debemos tener muy presente.

En este sentido es vital tener en cuenta que los rostros con expresión afable promueven más la confianza y la predisposición a la comunicación que los rostros que expresan seriedad, y muy especialmente los que expresan ira o tristeza. Y una buena primera impresión la podemos provocar a conciencia si ejecutamos lo que llamamos la «secuencia mágica»: llegamos a escena, nos plantamos sólidamente de pie (con el peso repartido entre las dos piernas y el cuerpo vertical, como si la cabeza prendiera de un invisible hilo desde el techo), contactamos visualmente con la audiencia y —solamente entonces— empezamos a hablar. Esta secuencia, que podemos ejecutar incluso hechos un manojo de nervios, lo que enseñará es seguridad, y nos proporcionará la mejor primera impresión.

Y una vez entrados en materia, ¿qué nos ayudará a hacer una escenificación convincente? Estas son algunas recomendaciones:

- *Contacto visual*: debemos mantener el contacto ojos con ojos con las personas que nos escuchan. Tienen que sentir que en algún momento les hablamos directamente a ellas. Esto les conecta y nos ayuda también a nosotros a poner más energía en nuestra escenificación, a darlo todo, porque sabemos que le hablamos a alguien.
- *Gesticulación*: las manos hablan y ayudan a trans-

mitir los mensajes. Especialmente para las personas más visuales, la gesticulación es un regalo. Y para hacer una gesticulación natural, las manos deben empezar en una posición a la altura de la cintura (no caídas al lado de las piernas) y sin agarrarse. De esta forma enseguida se pondrán en marcha. El área de trabajo de las manos debe estar entre la cintura y los hombros. Por debajo de la cintura son manos estáticas, caídas. Por encima de los hombros son manos desbocadas. Y hace falta distinguir entre los gestos icónicos (tienen un significado por sí solos) y los gestos rítmicos (ayudan a la cadencia de la voz). Los gestos icónicos ayudan siempre; los rítmicos, distraen. Cuando nos acusan de gesticular demasiado, probablemente se trate de un gesto rítmico que, en efecto, acaba molestando.

- *Movimiento dentro de la sala*: el movimiento debe tener un sentido y un motivo. En general, recomendamos una posición bastante estática, y que la expresividad venga de la gesticulación y de la expresión facial. No obstante, en grandes auditorios necesitaremos movernos para contactar visualmente con determinadas partes del público. Pero nos movemos por este motivo, no por nuestra inquietud interior. Y lo que es seguro es que debemos evitar siempre pautas de movimiento repetitivas y movimientos corporales sin sentido.

- *Voz*: necesitamos activar el «modo comunicación en público», que se caracteriza por una velocidad menor, un mayor volumen y más inflexiones. Las voces rápidas y de bajo volumen denotan inseguridad. Las voces monótonas aburren. Necesitamos dar «color» a nuestra voz para mantener a nuestra audiencia conectada.
- *Uso del silencio*: los silencios son unos grandes captadores de atención, y al mismo tiempo permiten a la persona que escucha grabar en su mente lo que estamos diciendo. Necesitamos poner generosos silencios al acabar cada frase, en cada cambio de capítulo y antes de cada gran mensaje para garantizar que nos prestan atención.
- *Posesión del espacio escénico*: antes de hacer una intervención conviene familiarizarse con el espacio donde presentaremos. Pisar el escenario, saber cuál es el espacio donde nos podemos mover sin interferir la proyección. Si todo esto no lo tenemos controlado, incrementaremos los nervios. Si ya hemos tomado posesión en un ensayo, empezaremos con mayor seguridad.

Todas estas habilidades escénicas se pueden entrenar sin dificultad. Grabarse con el móvil es hoy en día la mejor ayuda que podemos utilizar.

No importa la forma en la que la luz sale del faro, sino cómo la recibe el navegante; nosotros debemos hacer todo lo posible para que lo que queremos decir sea lo que de verdad llega a la gente.

5) ... invitando en lugar de intentar convencer.

Ser un faro quiere decir también respetar la voluntad de aquellos a quienes nos dirigimos. Quiere decir brillar, seducir, pero nunca imponer.

Cuando intentamos convencer, no convencemos. Solamente podemos hacerlo si nosotros lo estamos y somos capaces de transmitirlo. Con nuestra ilusión y nuestro convencimiento debemos invitar a la gente a compartir nuestro mensaje, dándoles en todo momento total libertad para que piensen diferente.

La persuasión tiene mucho más que ver con el contagio emocional que con la razón, y se produce en gran medida a través de las «neuronas espejo». Las neuronas espejo son las responsables de que sintamos lo que siente el otro: si estamos con una persona que está triste, nosotros acabamos tristes. Si estamos con una persona eufórica, acabamos eufóricos. Estas neuronas espejo intervienen también en la persuasión: si veo a alguien que está muy convencido, me convence. Así pues, convencer a los demás no puede ser nuestro objetivo. Nuestro objetivo es mostrarnos convencidos. Contagiar entusiasmo. Y hacer que la gente venga a nosotros en lugar de arrastrarla hacia nosotros como hacemos a menudo.

Y para hacerlo, algunas veces deberemos cambiar nuestro discurso. Tendremos que evitar las afirmaciones categóricas, el tono imperativo, las opiniones taxativas y la tozudez de querer imponer las cosas. Debemos comunicarnos con respeto mutuo, de tú a tú. Con aceptación de las discrepancias y ofreciendo siempre la libertad de compartir o no lo que estamos comunicando.

Asimismo, debemos estar siempre dispuestos a responder, pero hay que evitar en todo momento reaccionar. La respuesta se expresará en un tono sereno, respetuoso. La reacción es una expresión visceral, que a menudo está fuera de tono. Debemos tener presente que, debido al llamado «sesgo de negatividad», las percepciones negativas son hasta cinco veces más impactantes que las positivas. Así, una salida de tono tendrá un efecto difícil de compensar, pues necesitará al menos cinco intervenciones brillantes.

Vale la pena también no quedarnos atrapados en nuestra visión. Conceder al otro la oportunidad de tener razón. Estar dispuestos a contemplar diferentes puntos de vista. No siempre tenemos razón, a pesar de que a menudo lo podamos llegar a pensar.

Está demostrado científicamente que los seres humanos estamos predispuestos a prestar atención a aquella información que confirma nuestras creencias, y estamos predispuestos también a ignorar y minimizar aquella información contraria a lo que creemos. Es el llamado «sesgo de confirmación». Debemos vencer este sesgo si no queremos caer en la trampa de acabar presos de nuestras convicciones.

Querría mencionar también la gestión de las situaciones complicadas: los ataques y las preguntas malintencionadas. Un principio general nos tiene que guiar: no caer en las provocaciones. Debemos evitar entrar en la confrontación directa, porque es lo que quiere el provocador. Nos sitúa en su terreno de juego, y nos ganará seguro. Una forma elegante de no caer en la provocación consiste en apoyarse en el propio grupo. Delante de un ataque, podemos preguntar al grupo si comparte esa opinión. La mayoría de las veces saldrán rápidamente en nuestra defensa.

Y no debemos olvidar que no se espera que estemos

preparados para responder todas las preguntas. Si no sabemos alguna cosa, emplacemos a aquel que nos ha preguntado a darle una respuesta en una próxima ocasión.

Para resultar persuasivos debemos hablar desde dentro, desde nuestro interior (los japoneses lo llaman hablar desde el *hara*). Debemos ser coherentes entre lo que pensamos y lo que decimos, de forma que nuestro lenguaje no verbal acompañe nuestras palabras.

Un estudio de las percepciones que despiertan los ponentes puso de manifiesto que las más positivas eran la sinceridad, la honestidad, la coherencia, la proximidad y la simpatía. Las más negativas eran la arrogancia, la susceptibilidad, la ansiedad y la incertidumbre. Y aparecían como neutras la exactitud, la seriedad y la riqueza de datos. Así, ser perfectos a costa de la proximidad o la simpatía no es una buena idea. No nos ayudará.

Así como los faros invitan a acercarse sin ningún tipo de coacción, nosotros debemos invitar a compartir nuestro mensaje con naturalidad, sin arrastrar ni empujar a la gente. Respetar la libertad de las personas es la única forma de conseguir su convencimiento.

Y en definitiva, ¡siendo capaces de mover emociones!

Los faros emocionan. Emocionan cuando, navegando rumbo a la costa, vemos su luz, y emocionan cuando, sentados cerca de ellos, los vemos encenderse para ser la guía necesaria en medio de la oscuridad de la noche.

El mejor halago que podemos recibir en una comunicación es que nos digan: «Has sido tú mismo». La naturalidad es un preciado valor en la comunicación. Debemos ser nosotros, tenemos que hacer que la audiencia note que nos gusta lo que hacemos, que estamos enamorados de nuestro trabajo, que lo que explicamos lo vivimos con pasión.

En la construcción de nuestro mensaje y en el mismo acto de comunicación debemos conseguir «tocar» a la gente. Llegar a su corazón.

Porque las cosas que tan solo entendemos, las olvidamos. Las cosas que, además de entenderlas, las sentimos, las recordamos para siempre.

Cuando los faros se apagan en la noche (pánico escénico)

Algunas veces los faros se apagan por accidente. No es fácil que pase con los faros modernos, pero ocurría a menudo con los antiguos faros de petróleo. Y dejaban de hacer su trabajo, poniendo en riesgo la navegación. Por eso era vital la vigilancia del farero.

Nosotros, en nuestras presentaciones, podemos accidentalmente quedarnos en blanco. Es el llamado «pánico escénico».

Hay tres tipos diferentes de pánico escénico: el puntual, que sentimos al inicio de una intervención; el autogenerado, que nos provocamos nosotros durante la intervención, y el pánico escénico de fondo, el que sentimos con solo pensar que tenemos que hacer una presentación un determinado día. El primero es natural: se desencadena por la adrenalina que segregamos cuando nos enfrentamos a una situación de tensión, y hace que nuestro pulso se acelere, el ritmo respiratorio aumente y sintamos el sudor en las manos. Lo debemos entender como un fenómeno puntual, pasajero (normalmente en medio minuto o en un minuto deberíamos recuperar el control), y lo único que tenemos que hacer es intentar llenar ese tiempo con una comunicación no esencial: una presentación personal, una anécdota, o cualquier recurso de toma de contacto con la audiencia antes de la intervención formal. El secreto no está en eliminar los nervios, sino en gestionarlos.

El segundo lo provocamos por un error mental muy claro: pensar demasiado. Pensar —mientras presentamos— en cómo lo estamos haciendo, en qué nos está pasando. Es por esta razón que recomiendo a las personas que van a hacer una presentación que se hagan un valioso regalo a ellas mismas: que una vez empiecen su intervención, dejen de pensar en cómo lo están haciendo. Que se concentren en el contenido, tiren hacia delante y se dejen llevar. Porque si pensamos demasiado en el momento equivocado, lo haremos mal. Ya habrá tiempo al final de la intervención de juzgar cómo lo hemos hecho. (Aunque el ejercicio no será demasiado productivo porque en comunicación somos malos jueces de nosotros mismos y solamente los demás nos pueden decir cómo lo hemos hecho.)

El tercero proviene de una programación errónea que hemos introducido en nuestro cerebro, y conviene deshacerla cuanto antes, pues corremos el riesgo de que nuestra mente se sabotee a sí misma, haciéndonos perder el control. Si hemos tenido una mala experiencia comunicando en público, o hemos imaginado que la podíamos tener, nuestra mente la ha registrado y ha tomado nota. Ha grabado una secuencia de reacciones (me levanto, me pongo nervioso, sudo, se me acelera el corazón, me quedo en blanco...) que repetirá cada vez que se enfrente a una situación parecida. Así, cuando nos encontremos delante de una nueva presentación, nuestra mente se predispone a seguir aquella secuencia de reacciones, y se predispone, por tanto, a hacernos fracasar.

Conviene desprogramar esta secuencia y programar una nueva que nos predisponga a actuar con seguridad y normalidad (me levanto, estoy sereno, empiezo a hablar, me escuchan con atención, sigo el hilo con normalidad...). Y este proceso podemos hacerlo a través de ejercicios de visualización: imaginando que hacemos una presentación y viviéndola en nuestra mente con absoluta normalidad. Esto es así porque el cerebro aprende tanto de la experiencia como de la imaginación de la experiencia. Cuando una persona imagina que juega al tenis, está utilizando las mismas estructuras cerebrales que cuando efectivamente juega al tenis. Por eso la mayoría de los deportistas practican visualizando.

En cualquiera de los tres casos, la práctica nos ayudará. La repetición sistemática de cualquier cosa crea caminos neuronales más fuertes. Todos hacemos mejor aquello que hacemos si lo hacemos de forma repetida. Debemos practicar mucho para que nuestra intervención parezca fácil.